T0098941

QU'EST-CE QU'UN PAYSAGE ?

CHEMINS PHILOSOPHIQUES

Collection dirigée par Magali BESSONE et Roger POUIVET

Justine BALIBAR

QU'EST-CE QU'UN PAYSAGE ?

PARIS

LIBRAIRIE PHILOSOPHIQUE J. VRIN

6 place de la Sorbonne, V^e

2021

Respectueuse de la langue française et soucieuse dans ses mises en page de favoriser une lecture fluide et agréable, la maison Vrin continue d'appliquer la règle traditionnelle selon laquelle dans les accords le masculin l'emporte sur le féminin.

R. Assunto, *Il paesaggio e l'estetica*, Palermo, Novecento, 2005
© R. Assunto

© *Librairie Philosophique J. VRIN*, 2021
Imprimé en France
ISSN 1762-7184
ISBN 978-2-7116-3008-0
www.vrin.fr

QU'EST-CE QU'UN PAYSAGE ?

CHAPITRE PREMIER

PAYSAGE RÉEL, PAYSAGE REPRÉSENTÉ
LA TENSION FONDAMENTALE

Qu'est-ce qu'un paysage ? Et d'abord, de quel paysage parlons-nous ? Car le mot « paysage », que l'on peut définir à grands traits comme l'aspect d'ensemble d'une portion de territoire, désigne, dans ses usages courants comme dans les définitions de dictionnaire, deux réalités distinctes : un morceau de territoire et une image. « Paysage » désigne ainsi un morceau de territoire dans des expressions comme « regarder le paysage par la fenêtre » ou « traverser des paysages variés au cours d'un voyage en train ». C'est aussi ce que vise le texte de la Convention européenne du paysage rédigée à Florence en 2000, qui stipule : « "Paysage" désigne une partie de territoire telle que perçue par les populations, dont le caractère résulte de l'action de facteurs naturels et/ou humains et de leurs interrelations ». Mais le mot « paysage » peut aussi désigner un tableau, une photographie, ou toute autre forme de représentation imagée, comme lorsqu'on parle d'un « paysage de Cézanne », d'un « paysage d'Ansel Adams » ou du « joli paysage de lavandes » que ma grand-mère m'a envoyé par la poste.

Le mot « paysage » s'entend donc en deux sens, un sens *réaliste* et un sens *iconiste* : d'un côté, le paysage réel, portion d'espace physique que nous parcourons avec nos yeux mais aussi avec notre corps mobile et que nous expérimentons, éventuellement, avec d'autres sens que la vue ; d'un autre côté, le paysage représenté dans des images de tout type, depuis les tableaux, dessins, photographies, bas-reliefs des grands maîtres de l'art jusqu'aux images publicitaires, touristiques et commerciales qui peuplent nos fonds d'écran, nos boîtes aux lettres et les murs de nos villes. Distinguer ainsi paysage réel et paysage représenté, chose et représentation de la chose, ne signifie pas que le premier soit une espèce de « chose en soi » ou une réalité absolument objective : le paysage réel n'existe qu'en relation avec un sujet esthétique, il fait l'objet d'une perception et d'une expérimentation, lesquelles sont médiatisées par toute une série de filtres culturels variés, qui ne sont pas tous, loin de là, de nature artistique ou iconique. Pourtant, c'est bien en tant que réalité que le paysage est alors perçu et que l'on peut dire que nous nous le « représentons »[1] – et non en tant qu'image ou représentation.

On est donc face à deux sens bien distincts du mot « paysage » qui, par une forme de duplicité sémantique, condense à lui seul ce que le couple lexical formé par les mots « visage » et « portrait », par exemple, exprime de manière séparée et complémentaire. Le paysage réel est au visage ce que le paysage représenté est au portrait :

1. On parle ici de « se représenter » au sens d'une représentation mentale, comme le traduit l'allemand « *Vorstellung* », par opposition à l'acte de « représenter » dans une image ou un objet artefactuel (« *Darstellung* »).

l'aspect d'ensemble du territoire ou de la tête humaine d'un côté, sa représentation de l'autre.

En quoi, plus précisément, ces deux sens du mot « paysage » sont-ils différents ? La différence fondamentale entre paysage réel et paysage représenté tient à la situation spatiale du sujet percevant par rapport à l'espace perçu. Dans le cas du paysage représenté, le sujet se situe dans un espace distinct de l'espace qu'il perçoit, espace par conséquent séparé et inaccessible, comme le souligne la délimitation même de l'image par la présence d'un cadre ou d'une bordure. Dans le cas du paysage réel, au contraire, le sujet se situe dans l'espace même qu'il perçoit et qui se trouve donc dans une relation de continuité avec lui.

Le paysage représenté est par définition un espace séparé et inaccessible : il ne se donne qu'à la vue, on ne peut y entrer, on ne peut franchir son cadre. Le cadre des représentations visuelles invite à une pure contemplation visuelle, distanciée. L'interdiction de toucher et de franchir, le « *noli me tangere* » et le « *no trespassing* » constitutifs de la représentation iconique ne relèvent pas d'une interdiction politique ou morale, susceptible d'être transgressée, mais d'une impossibilité physique, ontologique. Le monde des images est un monde en deux dimensions, fait d'une texture bien différente de celle du monde dans lequel nous vivons : toile ou papier recouverts de pigments, pellicule photosensible, papier imprimé, capteur numérique, lumière projetée sur un écran, vitre réfléchissante ou surface d'un miroir, etc. Il est impossible d'évoluer et de vivre dans un tel monde, impossible de passer de l'autre côté du miroir, d'entrer dans la *Tempête* de Giorgione, dans le *Grand Canyon*

d'Ansel Adams, dans les *Badlands* de Terrence Malick
ou dans les champs de lavandes provençaux du calendrier
des postes – autrement bien sûr qu'en imagination, en
rêve, en souvenir, par projection fantasmatique.

Au contraire du paysage représenté, le paysage
réel n'est pas un espace séparé et inaccessible, c'est un
espace dans lequel nous sommes situés et pouvons nous
déplacer. Cet espace nous environne, il est partie prenante
du monde dans lequel nous évoluons. Si les paysages
réels s'offrent parfois à la vue à travers des cadres, ces
cadres peuvent aisément être dépassés, transgressés :
on se penche par une fenêtre, on ouvre une portière de
voiture, on franchit le seuil d'une porte, on contourne un
arbre ou une architecture. La possibilité de se déplacer
dans cet espace permet de faire varier les points de vue
et de rompre l'immobilité de la perception. En outre, du
moment que nous nous situons dans un espace, celui-ci
s'offre à nous par le biais d'une multiplicité de sensations
– visuelles, mais aussi tactiles, sonores et olfactives,
sinon toujours gustatives. Tandis que je me promène dans
le massif de Sainte-Victoire, des parfums balsamiques de
pins et de romarin emplissent mes narines, le vent parfois
violent bruisse dans mes oreilles, pique ma peau et fait
vaciller mon corps, la terre sèche est dure sous mes pieds
dont le mouvement résonne et fait remonter des odeurs de
poussière et peut-être un petit goût de terre. Me déplaçant,
je peux voir plusieurs côtés de la montagne : le célèbre
versant « cézannien » – court, ocreux et touffu – mais
aussi la longue barre nue et minérale qui s'étire sur le
versant méridional, ou encore la silhouette rocailleuse et
ondulante qui se déploie sous mes pieds lorsque je monte
au sommet.

Paysage représenté et paysage réel relèvent donc de deux spatialités distinctes, ce qui induit des types d'expérience esthétique différents : d'un côté l'expérience *contemplative* de la perception d'un espace séparé du nôtre, d'un espace *hors duquel* nous sommes situés, de l'autre l'expérience *immersive ou intégrative* de la perception d'un espace en continuité avec le nôtre, d'un espace *dans lequel* nous sommes situés.

La situation du sujet dans l'espace perçu est donc le critère fondamental qui permet de distinguer le paysage réel du paysage représenté. Elle a deux conséquences : du moment que le sujet se situe dans le paysage et non en dehors de lui, il a la possibilité, premièrement, de se mouvoir à l'intérieur et, deuxièmement, d'élargir son expérience sensorielle à d'autres sensations que la vue (notamment auditives, olfactives, tactiles et kinesthésiques). Certes, le paysage invite à une expérience avant tout *esthétique*, c'est-à-dire – si l'on entend « esthétique » dans son sens originaire, celui de l'*aisthèsis* grecque – une expérience fondée sur la sensibilité, la perception sensible. Et cette expérience esthétique repose de manière privilégiée sur le sens de la vue, ainsi que le soulignent les définitions courantes du paysage comme *aspect* d'un pays, c'est-à-dire portion de territoire en tant qu'elle s'offre à la vue. Pourtant, si le paysage représenté est contenu dans les limites d'une esthétique de la visibilité, le paysage réel, lui, la déborde. En effet, l'expérience du paysage réel ne relève ni de la seule vue ni de la seule esthétique, c'est-à-dire de la seule perception. Elle implique d'autres sortes de perceptions que la perception visuelle et suppose, outre l'*expérience esthétique* de la perception, une *expérience pratique* de la locomotion, du mouvement, de l'activité corporelle. L'expérience du paysage réel relève donc non seulement de l'*aisthèsis* (perception) mais aussi de la *praxis* (pratique, activité), c'est pourquoi elle n'est pas pure contemplation comme l'expérience du paysage représenté.

Ces deux sens étant posés, quels rapports entretiennent le paysage réel et le paysage représenté? Peut-on concevoir l'un indépendamment de l'autre ou existe-t-il entre eux un lien de dépendance – hiérarchique ou réciproque?

Les usages contextualisés du mot « paysage » ne laissent en général pas de doute sur le sens retenu, si bien qu'il est rarement besoin de préciser de quel paysage on parle, réel ou représenté. Le dédoublement sémantique du mot « paysage » ne rend cependant pas impossible dans l'absolu une confusion entre les deux sens, réaliste et iconiste, mais surtout elle semble favoriser une tendance de l'un à déteindre sur l'autre. En l'occurrence, par une curieuse inversion du rapport que l'on voudrait spontanément établir entre le réel et sa représentation, c'est le paysage représenté qui a tendance à déteindre sur le paysage réel, comme si le paysage réel devait toujours être compris et perçu à l'aune du paysage représenté, voire comme si, dans le fond, il n'existait de paysage que représenté. L'idée d'un ascendant du paysage représenté sur le paysage réel est un *topos* de la pensée paysagère, à l'origine du primat souvent accordé, dans l'expérience du paysage réel, à la visibilité, à la fixité, à la composition et au cadrage – qui sont des caractéristiques de la représentation paysagère, du moins dans sa version la plus classique.

Le *topos* iconiste, selon lequel le paysage représenté exercerait un ascendant sur le paysage réel, imprègne aussi bien les conceptions communes du paysage que les conceptions savantes. On le trouve notamment dans la théorie dix-huitiémiste du pittoresque [1] et chez des théoriciens contemporains du paysage comme Augustin Berque [2], Anne Cauquelin [3], Ernst Gombrich [4] ou Alain Roger [5]. Ce primat traditionnellement accordé au paysage représenté par rapport au paysage réel s'entend au sens d'une antériorité aussi bien chronologique que logique. Les représentations paysagères auraient précédé dans le temps les paysages réels (antériorité chronologique) et auraient déterminé les conditions de possibilité de leur existence ou du moins de leur perception et de leur appréciation (antériorité logique).

Selon Alain Roger, le paysage représenté serait né avant le paysage réel, lequel trouverait son origine et ses conditions de possibilité dans la représentation paysagère. L'existence de représentations paysagères nous aurait ainsi permis de percevoir et d'apprécier des paysages réels dans la nature, phénomène que l'auteur

1. W. Gilpin, *Trois essais : sur le beau pittoresque ; sur les voyages pittoresques ; et sur l'art d'esquisser les paysages*, Postface de M. Conan, Paris, Editions du Moniteur, 2002 ; U. Price, *Essay on the Picturesque, as compared with the sublime and the beautiful* [1794], 1810 ; R. Payne-Knight, *An Analytical Inquiry into the Principles of Taste*, London, 1805 (des extraits de cet ouvrage sont traduits en français sous le titre « Recherches analytiques sur les principes du goût », dans M.-M. Martinet, *Art et Nature en Grande-Bretagne au 18ᵉ siècle*, Paris, Aubier-Montaigne, 1980).

2. A. Berque, *Les Raisons du paysage*, Paris, Hazan, 1995.

3. A. Cauquelin, *L'Invention du paysage*, Paris, P.U.F., 2004.

4. E. Gombrich, « La théorie artistique de la Renaissance et l'essor du paysage », dans *L'Ecologie des images*, Paris, Flammarion, 1983 [« Renaissance Theory of Art and the rise of landscape », in *Norm and Form*, 1966].

5. A. Roger, *Nus et Paysages*, Paris, Aubier, 1978 ; *Court traité du paysage*, Paris, Gallimard, 1997.

baptise « artialisation », afin de souligner le rôle de l'art dans la constitution des paysages pour notre regard. Pour A. Roger, la peinture de paysage telle qu'elle s'élabore à la Renaissance constitue l'*a priori*, le « schème de vision » qui détermine la sensibilité moderne au paysage : elle rend possible une autonomisation du décor naturel par rapport aux scènes religieuses du premier plan, grâce à la technique de la perspective qui met en effet à distance les éléments naturels tout en les unifiant les uns aux autres. Dès lors, la fenêtre constitue l'élément « décisif », mais il s'agit moins de la « fenêtre italienne » (c'est-à-dire le tableau lui-même défini comme fenêtre par Alberti), où le paysage sert de fond à la scène, que de la « fenêtre flamande », à savoir la *veduta* insérée ou enchâssée à l'intérieur du tableau, cadre autonome où le paysage peut être organisé librement, comme dans *La Vierge au Chancelier Rollin* de Van Eyck (1435) ou dans *La Madone à l'écran d'osier* du Maître de Flémalle (1430). Ces « fenêtres flamandes » constituent l'archétype, représenté en peinture, de la conception védutiste du paysage comme espace extérieur perçu dans l'encadrement d'une fenêtre, c'est-à-dire comme paysage perçu à la manière d'un tableau.

Dans un même ordre d'idées, Anne Cauquelin, dans *L'Invention du paysage*, fait du paysage contemplé de derrière une fenêtre le paysage par excellence. Comme le paysage représenté, le paysage de l'autre côté de la fenêtre apparaît délimité par un cadre. Et, à condition que le sujet derrière la fenêtre reste immobile et qu'il n'y ait pas trop de mouvement dans l'espace contemplé, le paysage réel devient alors effectivement très semblable à l'image d'un paysage. C'est ce qui permet à A. Cauquelin de faire de ce cadre une condition *sine qua non* du paysage, un « *a priori* de la sensibilité paysagère », à même de déterminer notre capacité à percevoir et apprécier des paysages réels.

Avant l'apparition de la peinture de paysage à la Renaissance, il n'y aurait donc pas eu de paysage dans le monde réel, c'est-à-dire que nous n'aurions pas été à même de faire l'expérience de paysages dans le monde physique ni *a fortiori* d'apprécier ces paysages.

En faveur de l'idée d'une antériorité chronologique du paysage représenté sur le paysage réel, on avance souvent un argument de nature lexicale, impliquant de rapporter l'origine du paysage à l'origine du mot « paysage ». Le mot « paysage », nous dit-on alors, est né à la Renaissance dans le milieu des peintres pour désigner d'abord et avant tout une représentation. Puisque le mot « paysage » a d'abord désigné un tableau avant de désigner l'aspect du territoire réel, voilà bien une preuve que le paysage a d'abord été pictural avant d'être réel.

En réponse à cet argument, il convient donc de revenir d'abord sur l'étymologie complexe du mot « paysage ». Une analyse plus fine et approfondie du mot et de ses variations de sens dans différentes langues européennes permet en effet de constater que les choses sont un peu moins simples. C'est ce que montre Catherine Franceschi [1] à travers l'étude des principaux mots européens pour signifier le paysage : « *paesaggio* » et « *paese* » en italien, « *paisaje* » en espagnol, « *landscape* » en anglais, « *landscap* » en néerlandais et « *Landschaft* » en allemand. L'auteure distingue trois cas de figure. Dans certaines langues, comme le français, l'italien, l'espagnol ou le portugais, un mot nouveau est forgé entre la toute

---

1. C. Franceschi, « Du mot *paysage* et de ses équivalents dans cinq langues européennes », dans M. Collot (dir.), *Les Enjeux du paysage*, Bruxelles, Ousia, 1997.

fin du XVe et le début du XVIe siècle pour désigner la
représentation picturale, avant que son sens ne soit
étendu au territoire perçu. C'est ainsi que le mot français
« paysage » est forgé, au début du XVIe siècle, dans le
milieu des peintres de l'Ecole de Fontainebleau parmi
lesquels se trouvait le peintre italien Rosso Fiorentino.
Le mot français est ensuite transmis par l'Arétin, ami du
Rosso, à Titien, lequel forge sur ce modèle le mot italien
« *paesaggio* », dans une lettre adressée au Roi d'Espagne
en 1552 (« *paesaggio, voce francese* », « paysage, mot
français »), à propos d'un tableau qu'il lui envoie. Suite
à cela apparaissent aussi les mots espagnol « *paisaje* »
et portugais « *paisagem* ». Dans un second temps, au
cours des XVIIe et XVIIIe siècles, le sens de ces différents
mots relatifs à la représentation picturale s'élargit pour
désigner aussi le paysage réel, c'est-à-dire l'aspect
d'ensemble d'une portion de territoire. Dans d'autres
cas, un mot existe dès le Moyen Age au sens de simple
territoire réel ; puis, au tournant du XVe et du XVIe siècles,
son sens s'étend au champ de la représentation ; enfin,
entre le XVIIe et le XVIIIe siècles, le mot récupère le sens
de territoire réel, cette fois en tant qu'il est perçu par la
vue : ainsi pour « *Landschaft* » et « *landschap* », mais
aussi pour « *paese* », qui connaît la même évolution que
les deux autres et dont l'usage se maintient aux côtés du
nouveau mot « *paesaggio* », encore de nos jours. Quant
à l'anglais, il forme un cas à part puisque trois mots
nouveaux sont forgés entre le XVIe siècle et le début du
XVIIe siècle pour désigner la représentation – *paisage,
landskip, landscape* –, tandis que seul *landscape* se
maintient à partir du XVIIe siècle, avant de s'étendre au
sens de territoire réel au XVIIIe siècle.

On constate que, dans tous les cas sauf l'anglais, le moment charnière se situe au tournant du XVᵉ et du XVIᵉ siècles, où l'on éprouve le besoin d'exprimer, par un mot inventé ou par l'extension de sens d'un mot préexistant, une réalité nouvelle. Cette réalité nouvelle, c'est la peinture moderne de paysage, telle qu'elle est mise au point à la Renaissance, en parallèle par les peintres du nord de l'Europe (Dürer, Patinir, Van Eyck) et par les peintres italiens (peintres de l'Ecole de Fontainebleau en France, Giorgione et Titien en Italie). Mais on constate aussi que toutes ces évolutions linguistiques reposent sur une oscillation entre deux sens du paysage, le paysage réel et le paysage représenté. Les mots « paysage », « *paesaggio* », « *paisaje* » et « *landscape* » s'étendent progressivement de la représentation à la chose, à l'inverse de l'extension progressive des mots « *landschap* », « *landschaft* », et « *paese* » de la chose à sa représentation. L'extension peut avoir lieu dans les deux sens et la détermination de ce sens n'est pas tributaire de la racine étymologique du mot (*land-* ou *pag-*). Les différents mots oscillent donc entre le sens réaliste et le sens iconiste, parfois sans claire distinction des sens, ni priorité systématique de l'un sur l'autre.

En allant plus loin, on peut montrer que le mot « paysage » et ses équivalents européens n'ont pas l'exclusivité de cette duplicité sémantique. Non seulement celle-ci est présente dans une série d'autres mots pouvant être employés comme synonymes de « paysage » (« perspective », « scène », « décor », « vue », « panorama », mais aussi « *vista* », « *veduta* », « *prospect* », « *view* », « *scene* », « *scenery* », etc.), mais surtout on peut en constater l'existence bien avant le XVᵉ siècle, par exemple en latin. Quand Pline le Jeune décrit, dans ses lettres, le plaisir qu'il a à contempler les paysages autour de sa villa laurentine et de sa villa toscane, il emploie les expressions « *facies locorum* » et « *forma regionis* » :

> A pedibus mare, a tergo villae, a capite silvae : tot *facies locorum* totidem fenestris et distinguit et miscet. [1]
>
> *Regionis forma* pulcherrima : imaginare amphitheatrum aliquod immensum et quale sola rerum natura possit effingere. Lata et diffusa planities montibus cingitur. (…) Sub his per latus omne vineae porriguntur unamque faciem longe lateque contexunt. (…) Magnam capies voluptatem, si hunc regionis situm ex monte prospexeris. Neque enim terras tibi, sed *formam* aliquam ad eximiam pulchritudinem pictam viderebis cernere [2].

Si « *locus* » et « *regio* » signifient le lieu, le pays, la région, « *forma* » et « *facies* » renvoient quant à eux à l'idée d'aspect extérieur et d'aspect d'ensemble, que cet aspect soit effectivement perçu par la vue ou bien représenté dans une image (dessin ou plan par exemple). Dans la seconde citation, le terme « forma » est successivement employé pour désigner le paysage réel (« *forma regionis* ») et le paysage peint (« *formam*

---

1. « On a la mer à ses pieds, la maison derrière soi et la forêt au-dessus de sa tête : par les fenêtres on peut à son gré fixer tel détail du paysage ou embrasser la totalité du panorama. », Pline le Jeune, *Lettres*, II, 17, trad. A. Flobert, Paris, GF-Flammarion, 2002. Je souligne.

2. « Le pays est magnifique. Imagine un immense amphithéâtre comme seule la nature en peut créer. Une vaste plaine s'étend au pied des montagnes qui la couronnent. (…) Les vignes qui occupent toute la place au bas des pentes, donnent au paysage un aspect uniforme sur une vaste distance. (…) La vue du haut de la montagne te procurera beaucoup de plaisir : tu n'auras pas l'impression de contempler un paysage mais un tableau admirablement peint. », Pline le Jeune, *Lettres*, V, 6. Je souligne. NB. on aurait pu traduire « *forma regionis* » par « paysage », au lieu de « pays » qui a été ici choisi par le traducteur.

pictam », nettement dissocié de « *terras* » qui renvoie au territoire, au paysage réel). Or les expressions « *facies locorum* » et « *forma regionis* », employées chez Pline au sens du paysage réel perçu par la vue, pourraient aussi bien, comme le signalent les entrées correspondantes du dictionnaire latin-français Gaffiot, désigner la représentation de ce paysage, dans un tableau, un dessin ou un plan par exemple. Il ne fait guère de doute que Pline joue sur ce double sens. L'ancienneté et la persistance historique de cette duplicité sémantique, ainsi que sa présence non seulement dans le mot « paysage » (et équivalents) mais aussi dans d'autres termes voisins, laissent penser qu'elle est moins due au hasard ou à une pauvreté terminologique qu'à une nécessité conceptuelle. Non seulement on n'a pas attendu la Renaissance pour pouvoir signifier l'idée de paysage (même si avant la Renaissance il ne s'agissait pas d'un mot spécifique mais d'expressions composées, de périphrases) mais, surtout, on constate que le concept même de paysage [1], quelque mot qu'on emploie pour le signifier, contient dès le départ l'idée d'un rapport, d'une oscillation, voire d'une tension entre le réel et sa représentation.

L'argument lexical avancé par les partisans d'une conception iconiste du paysage présente donc une double faiblesse : premièrement, il simplifie de manière abusive l'évolution étymologique complexe du mot « paysage » et de ses équivalents dans les langues européennes ; deuxièmement, il réduit le *concept* de paysage au *mot* « paysage ». Du point de vue lexical, c'est seulement dans certaines langues que le mot « paysage » ou équivalent a d'abord existé dans un sens pictural ou iconiste avant

---

1. Pour s'en tenir à un contexte de pensée occidental.

d'exister dans un sens réaliste. Et du point de vue conceptuel, l'idée même de paysage réel est antérieure à l'avènement de la peinture de paysage à la Renaissance. L'argument lexical ne permet donc pas de trancher de manière satisfaisante la question de l'origine du paysage.

En outre, le recours à l'argument lexical tend à occulter tout ce que l'affirmation d'une antériorité chronologique du paysage représenté sur le paysage réel peut avoir de paradoxal, au premier abord du moins. Cette affirmation semble en effet contre-intuitive car elle va à l'encontre du rapport que l'on est spontanément tenté d'établir entre le réel et la représentation, entre le modèle et la copie : ne faut-il pas d'abord être capable de percevoir et d'apprécier des paysages dans le monde réel avant de pouvoir les représenter sur une toile ? ne faut-il pas qu'un paysage existe réellement pour qu'on puisse le photographier ? De fait, ni les peintres du Nord ni les peintres italiens n'ont inventé de toutes pièces leurs paysages : ils les ont d'abord vus et parcourus. C'est ce que montre Philippe Joutard dans *L'Invention du Mont Blanc*[1]. Dürer, par exemple, lors de son voyage à Venise en 1494, est ébloui par les formes et les contrastes alpins, lesquels lui offrent de nombreux sujets de dessins et tableaux. On voit ainsi dans son autoportrait de 1498 (Musée du Prado) un fond montagneux qui représente probablement le Parscherkofeld près du Brenner. De la même façon, Brueghel, qui a fait le voyage en Italie en 1551, s'est attardé au milieu des paysages des Alpes qui lui ont inspiré la vallée alpestre (et non la plaine flamande ou le paysage imaginaire) des *Chasseurs*

1. P. Joutard, *L'Invention du mont Blanc*, Paris, Gallimard-Julliard, 1986.

dans la neige. Léonard de Vinci, quant à lui, avait une profonde connaissance de terrain des paysages du nord de l'Italie, depuis les campagnes agricoles de la plaine du Pô, où il avait réalisé des travaux hydrauliques, jusqu'aux montagnes lombardes, qu'il avait explorées – ce qui permet à Ph. Joutard de le décrire comme un « peintre alpiniste ». Léonard a en particulier séjourné à Milan de 1482 à 1499 et comme le souligne Ph. Joutard :

> De cette ville, il peut voir quotidiennement la chaîne des Alpes. Il n'est pas douteux que celles-ci ont profondément marqué le peintre – il y fit de nombreuses incursions et même une ascension, probablement celle du mont Bo, un sommet de 2600 m d'altitude, au sud du mont Rose, à la limite des neiges éternelles (…) à la fois poussé par des préoccupations d'homme de science et de peintre [1].

Cette hypothèse s'appuie sur les écrits mêmes de Léonard, qui évoque notamment dans ses écrits les observations qu'il a pu faire sur la couleur du ciel à l'occasion d'une ascension du Monboso :

> J'affirme que l'azur […] n'est pas sa couleur propre, mais est causé par une humidité chaude qui s'évapore en particules très petites et invisibles […]. Cela pourra être vu, comme je l'ai vu moi-même, par quiconque montera sur le Monboso au col des Alpes qui séparent la France de l'Italie [2].

Face à ces exemples, on pourrait certes objecter que, si Dürer, Brueghel ou Léonard se montrent capables de voir et d'apprécier des paysages réels, c'est justement parce qu'ils les voient avec l'œil du peintre. On ne s'en sort donc pas : se demander ce qui vient d'abord, du paysage

---

1. *Ibid.*
2. Léonard de Vinci, *La Peinture*, textes traduits, réunis et annotés par A. Chastel, Hermann, 1964, p. 111.

réel ou du paysage représenté, c'est un peu comme se
demander ce qui vient d'abord, de la poule ou de l'œuf.
Pour trancher la question de l'origine du paysage, il
semble dès lors difficile de s'en tenir à une perspective
simplement chronologique ou historique et il convient
d'interroger plus en profondeur le concept même de
paysage. En effet, comment prouver que le paysage réel
serait apparu après le paysage représenté sinon *parce que*
le paysage serait par essence d'ordre représentationnel,
c'est-à-dire en s'appuyant sur une certaine définition, un
certain concept de paysage? La thèse d'une antériorité
chronologique du paysage représenté sur le paysage réel
s'appuie sur celle d'une antériorité logique : le concept
même de paysage serait d'essence représentationnelle
ou iconiste, il n'y aurait de paysage que représenté ou
relatif à une représentation, tout paysage serait ou bien
une représentation en bonne et due forme, ou bien la
projection mentale d'une représentation paysagère sur
le monde physique, c'est-à-dire la nature vue comme un
tableau. En ce sens, ce que nous appelons « paysage »,
dans l'expérience du monde physique, serait une portion
d'espace perçue comme s'il s'agissait d'une image, ou
encore perçue à travers le filtre d'une représentation – que
cette représentation soit ou non d'ordre artistique. Fonder
l'antériorité chronologique sur l'antériorité logique
expose dès lors au risque de la circularité : si le paysage
représenté vient avant le paysage réel, alors le paysage
réel est par définition quelque chose qui ressemble à une
image (cadré, fixe, visuel, etc.), ce qui rend inversement
impossible de penser un paysage réel qui viendrait avant
le paysage représenté et serait différent d'une image.
Quand Anne Cauquelin[1], par exemple, s'interroge sur

---

1. A. Cauquelin, *L'Invention du paysage, op. cit.*

la « genèse » du paysage en définissant celui-ci comme
une vue faisant l'objet d'un cadrage – le paysage par
excellence étant celui qui se découpe dans l'encadrement
d'une fenêtre – il est inévitable qu'elle soit conduite à
poser que cette genèse est picturale et que le paysage est
né à la Renaissance, parce que son concept de paysage
répond à un paradigme représentationnel. Prendre position
dans le débat généalogique sur l'origine du paysage en
affirmant l'antériorité chronologique du représenté sur
le réel, c'est en fait proposer une thèse ontologique,
une certaine conception de l'essence du paysage, une
certaine définition du paysage. Poser la question en
termes généalogiques conduit dans une impasse, car cette
question est insoluble à moins de défendre une position
soit naïve – il faut bien que les peintres aient d'abord
perçu des paysages réels avant de les représenter dans
leurs tableaux – soit paradoxale –pas de paysage réel
avant la Renaissance et le développement de la peinture
de paysage. En outre, le questionnement généalogique
biaise le débat en conduisant à présupposer ce que l'on
veut démontrer.

Les défenseurs d'une conception iconiste du paysage
se plaisent souvent à faire de la fenêtre le schème perceptif
à travers lequel est perçu tout paysage – qu'il s'agisse du
paysage représenté à l'intérieur de la « fenêtre » qu'est
le tableau, ou du paysage réel, immobilisé derrière la
fenêtre d'une maison. Il suffirait pourtant, pour que tout
bascule, pour que l'on bascule de l'image dans la chose,
que le sujet se penche par la fenêtre – un peu comme,
justement, les deux petits personnages que l'on aperçoit
de dos à l'arrière-plan de *La Vierge au Chancelier Rollin*
se penchent par-dessus la balustrade. Car la fenêtre réelle

du paysage réel, à la différence du cadre du tableau, est traversable : on peut se pencher au-dehors, voir plus haut ou plus bas qu'en se tenant à l'intérieur de la pièce. On peut surtout l'enjamber, ou passer par la porte et la contourner, et ainsi se retrouver de l'autre côté de la fenêtre, à l'intérieur du paysage.

On peut dès lors comprendre autrement ce rapport entre réel et représenté et y voir plutôt la tension fondamentale qui habite, structure et dynamise notre expérience, notre conception et de manière générale notre culture du paysage : le paysage serait à la fois, et cela indépendamment de tout rapport de préséance, l'image représentée et la chose expérimentée. Une des modalités caractéristiques de l'expérience paysagère occidentale consisterait alors dans la perception d'un écart entre les deux, dans leur mise en relation et éventuellement dans l'accomplissement ou la tentative d'accomplir un passage de l'un à l'autre. Plus qu'un passage, il y a là une véritable transgression, dans la mesure où l'on ne passe pas si facilement, si naturellement, si impunément « de l'autre côté du miroir », c'est-à-dire de l'image à la chose et *vice versa*. La transgression renvoie à un passage de seuil – et non à un passage graduel –, le seuil qui sépare deux règnes ou niveaux ontologiques distincts. Prenons un paysage réel dans lequel serait installée et comme enchâssée une représentation de ce même paysage. Je peux me rendre dans ce paysage, le contempler tout en étant situé à l'intérieur, voire en le parcourant. Peut-être suis-je venu avec une intention bien précise : celle de dessiner, de peindre ou de photographier le paysage. De ce paysage réel que je vois, je produis en outre une image : sur un carnet de croquis, sur une toile installée sur un chevalet, dans le viseur analogique ou sur l'écran numérique de mon appareil photographique. Peut-être, comme les curieux imitateurs de la *République* de Platon, les voyageurs pittoresques du XVIIIᵉ siècle ou encore les romanciers stendhaliens, me plaît-il de me promener avec un miroir afin d'y attraper des reflets du paysage environnant. C'était bien la fonction du *Claude Glass* au XVIIIᵉ siècle, ce petit miroir de poche dont la convexité et les bords teintés permettaient de refléter un paysage en lui donnant l'aspect d'un tableau dans le style de ceux du peintre Claude Lorrain. Il était d'usage de brandir le miroir devant soi, afin d'y voir se refléter le paysage situé derrière soi. Cet usage, qui n'est pas sans faire penser à la pratique actuelle du *selfie*, frappe par le recours paradoxal qu'il suppose à la médiation d'un objet technique pour voir ce qu'on a déjà sur les yeux, qui plus est en lui tournant le dos. Il y a là une forme de transgression à l'égard de l'attitude naturelle du corps percevant. Quoi qu'il en soit, et qu'il s'agisse de reflet dans un miroir, de dessin, de peinture ou de photographie, une image du paysage se trouve insérée et comme enchâssée dans le paysage réel qu'elle représente. Le support physique des images – toile, miroir, écran, papier – se trouve dans l'espace que je partage avec le paysage, mais ces images représentent un espace distinct de celui dans lequel je me trouve. Quand bien même l'image que je regarde serait l'exacte représentation du paysage dans lequel je me tiens, le paysage de l'image est distinct du paysage où je suis et je ne peux entrer dedans. Il faudra toujours contourner le cadre ou tourner le dos au miroir pour voir « en vrai » le paysage qui y était représenté et cette vision réelle suppose la perte de l'image.

Plus précisément, pour quelle raison ontologique est-il impossible de passer du paysage réel au paysage représenté ou inversement? La différence essentielle tient au fait que le paysage réel est un espace en trois dimensions tandis que le paysage représenté est un monde en deux dimensions. Le point de bascule a trait à la profondeur spatiale, c'est-à-dire à l'espace que l'on peut traverser, approfondir, à travers lequel on peut avancer ou progresser. L'image paysagère, comme toute image, est construite sur un manque fondamental, le manque de profondeur, qui fait tout l'intérêt et la difficulté de la production d'images. C'est pourquoi la perspective, et en particulier la perspective picturale telle qu'elle s'est affirmée à la Renaissance, est une forme de représentation si importante pour le paysage, dans lequel le paysage trouve si bien à s'épanouir, dans la mesure où la perspective est la technique permettant de suppléer le manque de profondeur, de représenter en deux dimensions ce qui existe en réalité en trois dimensions, que ce soit par la diminution progressive des objets avec la distance et la convergence des lignes parallèles dans le lointain (perspective dite linéaire), par l'affadissement progressif des couleurs avec la distance (perspective dite atmosphérique ou aérienne) ou par la perte progressive de détail avec la distance (perspective dite de diminution)[1]. La perspective, cependant, n'est pas la seule technique de production d'images permettant de suppléer le manque de profondeur. On peut penser aussi aux panoramas, ces dispositifs circulaires invitant le spectateur à faire un tour sur lui-même pour contempler la représentation, comme s'il se trouvait au milieu d'un espace réel. Ou encore à la

---

1. Léonard de Vinci distingue trois sortes de perspectives : la perspective linéaire, la perspective de la couleur, la perspective de diminution. Voir à ce sujet le passage « Ms 2038 *Bib. nat.* 18r », dans Léonard de Vinci, *Carnets*, Paris, TEL-Gallimard, 1942, p. 238-239.

technique du *travelling* au cinéma qui permet de donner une impression de déploiement et d'approfondissement progressif de l'espace, caractéristique de l'expérience des paysages réels. Si la différence essentielle entre paysage réel et paysage représenté tient à la présence ou au manque de profondeur, ce qui marque l'impossibilité de la transgression est bel et bien le cadre, symbole de la séparation entre l'espace de l'image et l'espace de la chose. Le cadre, ou à tout le moins la bordure nette, isole et sépare visuellement et symboliquement l'image, c'est-à-dire le contenu représenté dans l'image, de l'espace physique réel dans lequel cette image est située.

En dépit de cette impossibilité ontologique à franchir le seuil qui sépare le réel de la représentation, ou peut-être à cause de cette impossibilité même, la culture paysagère occidentale est travaillée par la tension entre image et nature et la tentation de passer de l'une à l'autre, de prendre l'une pour l'autre, et inversement. On se plaît à se projeter dans des images et à imaginer qu'on les traverse comme on traverserait un paysage réel ; et on se plaît à imaginer que le paysage réel nous offre à voir des tableaux. Ce glissement du réel à la représentation et *vice versa* est au fondement de l'esthétique pittoresque qui s'affirme aux XVIIIe et XIXe siècles [1], et on le retrouve de nos jours au cœur de la démarche de certains artistes contemporains de Land Art. Prenons des œuvres de l'artiste Nancy Holt comme les *Sun Tunnels* ou les « *locators* » [2] : ces tunnels fonctionnent à la manière des cadres des représentations picturales ou photographiques,

1. Voir à ce sujet, dans la deuxième partie de cet ouvrage, le commentaire que nous proposons de « la Promenade Vernet » de Diderot.

2. Voir G. Tiberghien, *Nature, art, paysage*, Arles, Actes Sud, 2001, p. 199-204.

en orientant et circonscrivant la vision du paysage, invitant à le percevoir comme une image. La possibilité de se déplacer et d'expérimenter le paysage tour à tour directement et à travers les tunnels perceptifs proposés par l'artiste éveille l'attention du spectateur à l'écart qui existe entre la chose et l'image, entre le paysage brut et le paysage choisi et fixé par le point de vue de l'artiste. L'œuvre invite à une véritable méditation sur les liens entre réalité et représentation, entre perception immédiate et perception médiatisée, organisée et encadrée par les choix de l'artiste. De telles approches paysagères prennent pour objet la tension entre le réel et la représentation, en cherchant à approcher ces derniers simultanément, dans un rapport d'enrichissement réciproque, au lieu d'en appréhender un sur le modèle de l'autre.

Pourtant, ne peut-on voir dans une telle esthétique du glissement le risque de projeter dans le paysage réel les infirmités ou les manques constitutifs de l'image ? Ne risque-t-on pas de se priver du principal intérêt de l'expérience d'un paysage réel, à savoir la possibilité d'une traversée physique ? L'expérience esthétique du paysage réel ne commencerait-elle pas plutôt au moment où l'on cesserait de le voir comme une image pour le voir comme un espace à parcourir et littéralement à *trans-gresser*, au moment où l'on renoncerait à la fenêtre pour passer plutôt par la porte : la porte de la maison, la portière de la voiture ou les portes de la ville ? Autrement dit, l'expérience esthétique du paysage réel ne gagnerait-elle pas en profondeur si l'on passait d'une transgression opérée sur un mode simplement ludique à une transgression entendue au sens littéral du terme, c'est-à-dire à un parcours physique à travers l'espace ?

CHAPITRE II

LE PAYSAGE RÉEL
SANS LA REPRÉSENTATION

LE PAYSAGE COMME ENVIRONNEMENT

Le paysage réel, c'est la définition qu'on a posée d'entrée de jeu, est un espace physique réel, un environnement dans lequel nous sommes situés et que nous expérimentons de manière immersive ou intégrative : en le parcourant du regard, certes, mais aussi de toute la mobilité de notre corps physique, et en l'éprouvant avec toutes les ressources de notre polysensorialité. Une première approche de la notion de paysage réel consiste donc à le définir comme un environnement, par opposition à d'autres objets de l'expérience esthétique – par exemple une œuvre d'art, un objet industriel ou artisanal, un corps naturel. C'est souligner par là la tendance du paysage à déborder le statut d'objet, à la fois par sa vastitude, sa situation terrestre et son inamovibilité, par le type d'unité lâche ou floue qui relie et délimite les éléments dont il est composé, et par sa causalité hybride, mi-naturelle, mi-humaine. Une telle définition est suffisante pour distinguer nettement un paysage d'objets apparentés qui lui sont trop souvent assimilés : non seulement les œuvres plastiques ou littéraires représentent des paysages, mais aussi les éléments architecturaux, végétaux, minéraux ou animaux dont un paysage peut certes être composé mais auxquels il ne saurait se résumer. Un paysage, parce qu'il n'est pas un objet dans l'espace mais un environnement, c'est-à-dire un ensemble spatial, ne peut être confondu ni avec un tableau de paysage, ni avec l'arbre, le bâtiment ou le fleuve dont il est composé. Reconnaître que le paysage réel est d'abord et avant tout un environnement physique est indispensable si l'on veut penser le paysage pour ce qu'il est et ne pas tomber dans l'illusion iconiste et confondre le paysage réel avec ses représentations, la chose avec l'image de la chose.

À cet égard, l'esthétique environnementale offre des ressources conceptuelles précieuses pour penser le paysage comme environnement. Ramification tardive et modeste de l'esthétique analytique, ce courant émerge dans le monde anglo-américain dès les années 1960, avec la publication d'une série d'articles fondateurs de Ronald Hepburn [1], John Baird Callicott [2] et Allen Carlson [3], puis des développements plus récents chez des auteurs comme

---

1. R. Hepburn, « Contemporary Aesthetics and the Neglect of Natural Beauty », *in* B. Williams, A. Montefiore (eds.), *British Analytical Philosophy*, London, Routledge and Kegan Paul, 1966, p. 285-310.

2. J. Baird Callicott, « The Land Aesthetic ». Deux versions dont le texte diffère légèrement. Première version in *Environmental Review* 7, 4, 1983, p. 345-358. Deuxième version, *in* Christopher Key Chapple (ed.), *Ecological Prospects*, State University of New York Press, 1994, p. 169-183.

3. A. Carlson, « Appreciation and the Natural Environment », *The Journal of Aesthetics and Art Criticism* 37, 2, 1979 ; « Formal Qualities in the Natural Environment », *Journal of Aesthetic Education* 13, July 1979, University of Illinois Press ; « Nature, Aesthetic Judgement and Objectivity », *The Journal of Aesthetics and Art Criticism* 40, 1, 1981.

Arnold Berleant[1], Emily Brady[2], Malcolm Budd[3] ou
Noël Carroll[4].

L'esthétique environnementale s'est constituée
originellement contre le privilège exclusif de l'art et le
mépris collatéral pour l'expérience esthétique de la nature :
non seulement la nature est la grande absente des théories
esthétiques, qui s'intéressent presque exclusivement aux
œuvres d'art, mais surtout la réflexion sur l'expérience
esthétique en général, et sur l'expérience esthétique de
la nature en particulier, est biaisée et entravée par la
prééminence du modèle artistique. En d'autres termes, il
est rare qu'on s'intéresse à la nature dans le champ de
l'esthétique ; quand cela se produit, on ne pense pas la
nature pour elle-même, pour ce qu'elle est[5], mais par
analogie avec les œuvres d'art et notamment avec la
peinture de paysage.

Pour Ronald Hepburn, la nature est, au XXᵉ siècle,
victime d'un mépris aussi bien dans le goût ordinaire
que dans la théorie, qui contraste avec le vif intérêt
qu'on lui témoignait au XVIIIᵉ siècle. Or ce mépris pose

1. A. Berleant, *The Aesthetics of Environment*, Philadelphia,
Temple University Press, 1992.

2. E. Brady, « Imagination and the Aesthetic Appreciation of
Nature », *The Journal of Aesthetics and Art Criticism* 56, 2, 1998 ;
Aesthetics of the natural environment, Alabama Press, 2003.

3. M. Budd, « The Aesthetic Appreciation of Nature », *British
Journal of Aesthetics* 36, 3, July 1996 ; *The Aesthetic Appreciation of
Nature*, Oxford, Oxford University Press, 2002.

4. N. Carroll, « On being moved by nature : between religion and
natural history », *in* S. Kemal, I. Gaskell (eds.), *Landscape, Natural
Beauty and the Arts*, Cambridge, Cambridge University Press, 1993.

5. L'expression « *nature on its own terms* » est récurrente dans le
corpus de l'esthétique environnementale.

un vrai problème[1], qui conduit à une double omission
esthétique : non seulement la théorie esthétique perd
un objet d'étude intéressant, mais surtout ce manque
théorique lui-même nous prive en retour des instruments
nécessaires pour accéder à l'expérience de la nature.

Si R. Hepburn semble attaché à une certaine culture
continentale du paysage, telle qu'elle s'exprime en
particulier dans la littérature pittoresque des XVIIIe et
XIXe siècles, John Baird Callicott adopte quant à lui
une position bien plus radicale. Comme il le montre
dans « The Land Aesthetic », il ne s'agit pas de dire que
nous aurions perdu un rapport théorique ou pratique à
la nature qui existait au XVIIIe siècle, mais plutôt que
l'esthétique de la nature est en retard, parce qu'elle
en est restée à une conception classique de la nature
comme tableau, comme paysage peint. L'esthétique
de la nature est en effet grevée par un préjugé visuel
ou pictorialiste à cause duquel elle n'est pas pensée
pour elle-même mais pour son analogie possible avec
un tableau et selon des critères d'appréciation dérivés
de « l'art du paysage ». Il ne s'agit donc pas ici d'une
omission ou d'un manque dans le champ de l'esthétique,
mais plutôt d'une mécompréhension de ce qu'est la
nature, avec pour conséquence un retard dans la théorie.
J. B. Callicott distingue deux types d'esthétiques de la
nature : la « *scenic aesthetic* » et la « *land aesthetic* »,
expressions pour lesquelles il est difficile de trouver des
équivalents en français, mais que l'on pourrait traduire
respectivement par « esthétique pittoresque ou esthétique
du paysage » et par « esthétique environnementale ou

---

1. « *Neglect is a very bad thing* », « le mépris est une très mauvaise
chose » (R. Hepburn, « Contemporary Aesthetics and the Neglect of
Natural Beauty », *op. cit.*. Ma traduction).

esthétique du territoire ». La « *scenic aesthetic* » est ancienne, elle s'est constituée aux XVIIe et XVIIIe siècles en prenant pour modèle d'appréciation de la nature la peinture de paysage du XVIIe siècle. Elle ne s'intéresse qu'à l'apparence visuelle de l'espace et affiche une prédilection pour les espaces harmonieusement construits à la manière des tableaux de peintres paysagistes comme le Lorrain, Salvator Rosa ou Jacob van Ruysdael. Elle s'est manifestée, au XVIIIe siècle, dans des pratiques « pittoresques » telles que l'usage du « *Claude glass* » ou dans l'élaboration de jardins paysagers, mais aussi, par la suite, dans la création de parcs nationaux et de domaines particuliers, analogues, pour la nature, aux musées publics et aux collections privées pour les œuvres d'art. Tandis que les goûts artistiques ont connu une évolution depuis le XVIIIe siècle, l'esthétique de la nature en est restée à sa forme « *scenic* » ou pittoresque. C'est pourquoi J. B. Callicott estime qu'elle est en retard et qu'il serait temps de la remplacer par une nouvelle forme d'esthétique, en l'occurrence celle qu'il appelle de ses vœux, la « *land aesthetic* ». La notion de « *land aesthetic* » est inspirée, pour la lettre comme pour l'esprit, de la théorie de la « *land ethic* » d'Aldo Leopold. En effet, selon J. B. Callicott, les textes d'éthique environnementale de Leopold[1] sont aussi riches en enseignements et en applications esthétiques et ils peuvent servir de base pour combler le retard théorique et élaborer une nouvelle esthétique de la nature. La « *land aesthetic* » entend considérer la nature pour ce qu'elle est, ce qui implique à la fois de prendre en compte tous ses aspects sensibles, au lieu de ses seuls aspects visuels,

---

1. en particulier *A Sand County Almanach*.

et d'informer la perception par des connaissances. La
« *scenic aesthetic* » est présentée comme superficielle,
hétéronome et triviale : superficielle parce que restreinte
à la seule apparence visuelle, hétéronome parce que
dérivée de l'esthétique des œuvres d'art, triviale parce
que caractéristique d'un goût populaire non éduqué.
La « *land aesthetic* » au contraire est substantielle,
autonome et raffinée : elle prend en compte toutes les
dimensions sensibles et spatiales de la nature, qui est
donc appréciée pour ce qu'elle est (« *on its own terms* »),
ce qui suppose de cultiver le goût pour le rendre à la fois
plus sensible et plus cognitif, grâce au développement
d'une perception polysensorielle et à son information par
des connaissances scientifiques.

À partir de cette double dénonciation fondatrice
de Hepburn et Callicott, le geste décisif de l'esthétique
environnementale consiste à défendre une définition naturaliste de l'environnement par opposition à
une définition iconiste ou artistique, et donc à reconnaître l'environnement naturel pour ce qu'il est, à savoir
un espace physique polysensoriel en trois dimensions,
par essence distinct d'une image. Une telle définition a
bien sûr des implications esthétiques : faire l'expérience
esthétique d'un environnement suppose une situation
dans un espace en trois dimensions qui n'est ni stable
dans le temps ni délimité dans l'espace ; une perception
de tous les sens ; une liberté dans le choix de l'attitude du
sujet, de la contemplation distante jusqu'à l'engagement
le plus total. Mais elle a aussi des implications cogni-
tives, avec le souci d'informer la perception par des
connaissances (scientifiques, historiques), et éthiques,
avec l'importance d'accorder un intérêt et une éventuelle
protection non seulement aux environnements présentant
des qualités visuelles spectaculaires (par exemple les

Alpes et les Rocheuses) mais aussi à des environnements plus quotidiens et ordinaires.

Dans la perspective d'une définition non-iconiste du paysage, les acquis de l'esthétique environnementale sont fondamentaux. Il reste pourtant un aspect non résolu, qui tient au statut du paysage dans cette théorie. L'esthétique environnementale n'est pas une esthétique du paysage. Par commodité, les philosophes de l'esthétique environnementale préfèrent souvent parler d'« environnement », de « nature » ou de « territoire », plutôt que de « paysage », parce que ce dernier possède à leurs yeux trop de connotations artistiques ou iconistes. Pourtant, « paysage » est employé couramment (en anglais comme dans d'autres langues européennes) pour désigner une portion de territoire perçue et expérimentée dans le monde physique réel. C'est même son principal usage contemporain. Inversement, « paysage » n'est plus guère employé de nos jours pour désigner un tableau, sinon dans des contextes spécialisés, et on parle plus volontiers de « tableau de paysage » ou « *landscape painting* ». Dans l'esthétique environnementale, l'abandon du terme « paysage » au profit de celui d'« environnement » est dû au souci de préserver l'expérience de la nature réelle de toute influence artistique ou iconiste, afin que l'on ne puisse plus assimiler la nature à son image. Il paraît cependant contre-intuitif, puisqu'il s'oppose à l'usage courant. Une fois la distinction bien établie, rien n'empêche donc certains auteurs de revenir au mot « paysage », comme à un synonyme d'« environnement »[1], le flottement conceptuel effaçant ainsi une difficulté : le statut

1. Voir en particulier A. Carlson, « On Appreciating Agricultural Landscapes », *Journal of Aesthetics and Art Criticism*, Spring 1985 ; « What is the Correct Curriculum for Landscape », *op. cit.* Ou plus récemment S. Herrington, *On Landscapes*, New York, Routledge, 2009.

intermédiaire du paysage réel entre image d'un côté et environnement de l'autre. Soit la notion de paysage est restreinte au modèle iconiste, soit elle est élargie à tout environnement en général, mais il manque une idée intermédiaire du paysage, qui ne soit ni une image, ni n'importe quel environnement. L'objet de l'esthétique environnementale est plus large que le paysage : ainsi, quand le mot « paysage » est employé en un sens positif, c'est comme synonyme de tout environnement en général. Certains des environnements évoqués par les auteurs peuvent être considérés comme des paysages (par exemple le marécage décrit par Callicott ou la description de crêtes rocheuses qu'il emprunte à John Muir), mais il y a aussi des environnements qui semblent difficilement assimilables à des paysages (par exemple l'univers végétal confiné décrit par Berleant dans l'exemple « A paddle on the Bantam River »[1]).

L'OUVERTURE SPATIALE

L'esthétique environnementale, si elle met au jour un certain nombre de traits propres à l'expérience esthétique des paysages en tant qu'ils relèvent de la catégorie plus générale des environnements, ne permet pourtant pas de penser la spécificité des paysages par rapport à d'autres types d'environnements. Qu'est-ce donc qui distingue un paysage d'autres types d'environnements ?

On pourrait être tenté de répondre par l'argument de l'esthéticité : il suffirait à un environnement d'être « esthétique » ou d'être « esthétiquement perçu » pour

---

1. A. Berleant, *The Aesthetics of Environment*, *op. cit.*, chapter 3, « Descriptive aesthetics », p. 29-34.

être un paysage. Peut-être, mais tout dépend de ce que l'on entend par « esthétique ». On pourrait vouloir dire, par exemple, que tout *bel* environnement est un paysage ; ou bien que tout environnement *qui évoque une œuvre d'art* est un paysage ; ou encore que tout environnement, *à condition d'être contemplé de manière désintéressée*, est un paysage. La beauté, l'artialité et la contemplation désintéressée seraient donc trois interprétations possibles de l'esthéticité d'un environnement et donc de sa qualification au titre de paysage. Mais ces interprétations sont-elles pertinentes ? Non, car elles peuvent s'appliquer à n'importe quoi : animal, objet du quotidien, être naturel, etc. *A fortiori*, elles peuvent s'appliquer aussi bien au paysage qu'à n'importe quel autre environnement : sous-bois, zone commerciale, ronds-points, rue, intérieur d'un bâtiment, etc. L'esthéticité conçue en l'un de ces trois sens ne qualifie pas en propre un paysage. D'un côté, elle est trop générale puisqu'elle peut qualifier n'importe quel objet de l'expérience, mais, d'un autre côté, elle est aussi trop partielle et trop partiale, dans la mesure où elle exclut certains paysages ou certains types d'expériences paysagères : certains paysages sont laids, d'autres résistent absolument à toute comparaison de près ou de loin avec un modèle artistique et certaines expériences esthétiques de paysages sont compatibles avec une approche utilitaire ou théorique. En ce sens, la frontière passe moins entre le paysage esthétique et le paysage géographique qu'entre l'environnement esthétique et/ou géographique d'une part, et le paysage esthétique et/ou géographique d'autre part. De même qu'un environnement peut se prêter à un usage pratique, à une connaissance théorique, à une appréciation esthétique ou aux trois à la fois, de même un paysage donné peut être

pays comme la France ou encore une immense région comme la plaine du Pô). La notion d'ouverture suggère que le paysage n'est pas un espace mathématiquement quantifiable, mais est relatif à un point de vue humain. Mieux : à un point de vue humain *sensible*, c'est-à-dire à un point de vue esthétique. Parler de paysage *ouvert* suggère l'existence d'une mesure sensible qui a pour double point de repère la portée maximale du regard au loin et la situation du corps dans l'espace. L'ouverture n'est pas, en effet, la simple grandeur spatiale, la simple quantité d'espace étendu : pour qu'un espace soit ouvert, il ne suffit pas qu'il y ait beaucoup d'espace, que l'espace soit vaste. Il faut que cet espace s'étende entre deux points : entre le proche et le loin, entre le point d'où part le regard et le point jusqu'où il peut aller, entre un point de départ et un point d'arrivée, entre un *point de vue* et un *point de fuite*. Un espace ouvert s'étend non seulement sur une certaine étendue, mais aussi par rapport à un point, un seuil, une limite : comme une porte s'ouvre de toute sa volée en tournant autour de ses gonds, le paysage s'ouvre *jusqu'au point* où l'on peut le percevoir, mais aussi *à partir* du point d'où on le perçoit, autrement dit à partir du point où l'on se situe dans l'espace. Entre le point où l'on est et le point où l'on va, que l'on y aille du seul regard ou bien de tout son corps, en déplaçant peu à peu le point où l'on est.

Pour éprouver une impression d'ouverture, il ne suffit pas qu'un objet soit situé à une très grande distance de moi et que je sache qu'il est loin, il faut aussi que je puisse évaluer, de manière sensible, empirique, l'extension de l'espace par rapport à moi. Le paysage est donc une affaire de mesure – mesure sensible et non mathématique. L'espace paysager est donc vaste tout en restant à mon échelle, proportionné aux limites de ma perception naturelle : je peux rapporter une distance à moi, je peux comparer le proche et le lointain, je peux parcourir visuellement l'espace qui me sépare du point maximal où porte ma vue, je peux évaluer la distance entre les différents éléments dont il est composé. Quand je vois une étoile à l'œil nu ou dans un télescope, ou un oiseau à travers des jumelles, je *sais* qu'ils sont loin mais je ne *sens* pas qu'ils sont loin, parce qu'ils sont tellement loin que la mesure intuitive de leur distance est perdue. Dans le paysage, au contraire, je sens la distance, l'étendue, la vastitude, plus que je ne les sais. Je les mesure intuitivement, bien que je n'en possède pas la mesure mathématique.

La distinction entre mesure esthétique et mesure mathématique est développée par Kant dans l'« Analytique du sublime » de la *Critique de la faculté de juger*, à propos de l'évaluation des grandeurs. Dans le § 25 – véritable « métrologie » ou « méditation sur la mesure » selon les heureuses expressions de Baldine Saint Girons [1] –, Kant montre en effet que l'on peut déterminer combien une chose est grande soit de manière mathématique, soit de manière esthétique : dans le premier cas, le jugement attribue à un objet de l'intuition une mesure objective exprimée en nombre d'unités ; dans le second cas, il rapporte la grandeur évaluée non à une mesure mathématique objective mais à une mesure subjective. La mesure esthétique peut être empirique : par exemple nous évaluons la taille des personnes en référence à la

---

1. B. Saint Girons, *Fiat Lux, une philosophie du sublime*, Paris, Quai Voltaire, Edima, 1993.

grandeur moyenne des personnes que nous connaissons, que nous avons pu constater au cours de notre vie. Cette grandeur moyenne n'est pas mathématique, quantifiée, exprimée en nombres ; c'est une idée approximative obtenue par accumulation, confrontation et sédimentation des expériences. Mais la mesure esthétique peut aussi être *a priori* : par exemple, nous évaluons la grandeur d'une vertu morale, de la liberté publique ou de la justice dans un pays par rapport à la grandeur idéale qu'elle devrait, selon nous, posséder. Toujours dans le § 25 – et en écho au § 7 de l'« Analytique du beau » sur l'universalité subjective du jugement de goût –, Kant précise que si la mesure esthétique des grandeurs est subjective, elle n'est pas pour autant individuelle ou personnelle, c'est-à-dire valable pour le seul individu qui juge : au contraire, une telle mesure esthétique est douée d'une universalité subjective, c'est-à-dire qu'elle prétend à l'adhésion de tous. Quand je dis « cet homme est grand », je m'attends à ce que tout le monde s'accorde avec mon jugement, de la même façon que quand je dis « cet homme est beau ».

La détermination du caractère paysager ou non d'un environnement est donc esthétique, dans le sens où elle suppose une mesure sensible de cet environnement. Pour autant, cette subjectivité de fond ne signifie pas que l'expérience du paysage soit quelque chose de radicalement personnel, individuel et incommunicable. Le paysage se prête à un certain type de perception sensible humaine, est relatif à un point de vue humain possible. Pour autant, un paysage ne cesse pas d'exister en l'absence d'un point de vue humain actuel : si je cesse de regarder tel paysage, il ne cesse pas d'exister.

Dans le § 26 de la *Critique de la faculté de juger*, la question de la mesure esthétique des grandeurs est approfondie à travers une analyse de l'idée de « maximum » ou de « mesure esthétique fondamentale ». Si l'évaluation mathématique n'a pas de maximum parce que les nombres peuvent aller jusqu'à l'infini, l'évaluation esthétique, elle, connaît un maximum : au-delà d'une certaine dimension, nous ne parvenons plus à percevoir intuitivement un objet ou une scène dans sa totalité. Kant explique ce phénomène par l'articulation entre deux opérations perceptives, l'appréhension et la compréhension. L'appréhension est progressive, elle ajoute un élément de perception après l'autre : un arbre, un autre arbre, des buissons, une rivière, une montagne, d'autres montagnes, le ciel, les nuages, etc. Elle peut par conséquent progresser indéfiniment, puisqu'il est toujours possible de rajouter un élément de perception à un autre. En revanche, la compréhension, qui se saisit des éléments de manière simultanée et non successive, a des limites. Il est un seuil au-delà duquel la compréhension ne parvient plus à intégrer de manière simultanée les éléments qui lui sont proposés par l'appréhension : je ne parviens pas à embrasser visuellement la totalité d'une scène naturelle qui s'offre à mes yeux et, si je cherche à ajouter tel sommet de montagne au fond à gauche, je perds tel autre sommet au fond à droite ou bien tel morceau de rivière en premier plan. C'est alors qu'est atteint le maximum, la mesure esthétique fondamentale par rapport à laquelle sont en définitive évaluées les grandeurs. Et c'est à ce moment que l'expérience esthétique peut basculer dans le sublime.

Le sublime, pour Kant, est le sentiment qui naît de l'inadéquation entre la raison et l'imagination, entre l'idée rationnelle que nous nous faisons d'un tout – par exemple la totalité de la scène naturelle précédemment évoquée – et la capacité que nous avons à présenter l'image de ce tout. L'imagination est limitée, alors que la raison est illimitée. Le constat de cette inadéquation est d'abord douloureux, puisqu'il est le signe de notre finitude d'êtres humains sensibles : nous ne parvenons pas à nous représenter visuellement ce que nous voudrions nous représenter, d'après l'idée que nous en propose notre raison. Mais, ensuite, ce constat devient une source de satisfaction, puisque l'impuissance de notre pouvoir sensible à nous présenter une image de l'infini nous est justement révélée par un autre pouvoir, celui de penser l'infini. En nous il existe donc un pouvoir suprasensible qui dépasse les limites de notre sensibilité. Nous ne pouvons voir l'infini, mais nous pouvons le penser. L'expérience du sublime se caractérise par un glissement ou un basculement hors du champ de la perception sensible, c'est-à-dire hors du domaine esthétique, vers un domaine suprasensible, intellectuel et moral. C'est pourquoi le sublime n'est pas une propriété des objets de la perception, mais une propriété du sujet, une émotion. Ce basculement du sensible vers le suprasensible est illustré de manière très claire dans les deux exemples qui suivent immédiatement le passage que l'on vient de citer sur l'appréhension et la compréhension : l'exemple des Pyramides et l'exemple de la Basilique Saint-Pierre de Rome. Contrairement à ce que l'on pourrait croire, ces deux exemples n'ont pas le même sens. Dans l'exemple des Pyramides, il n'y a pas vraiment de sublime parce que la mesure esthétique de la grandeur est réussie : le spectateur trouve le juste point de vue, ni trop près ni trop loin, qui lui permet d'apprécier la grandeur de la Pyramide, c'est-à-dire d'embrasser en une compréhension les parties successivement appréhendées. L'intérieur de la Basilique permet au contraire une expérience du sublime, parce que le sujet échoue à comprendre en un tout simultané les différents morceaux d'architecture qu'il appréhende successivement. Cet échec est douloureux et provoque un plaisir paradoxal, qui vient de ce que le sujet s'émeut de sa propre douleur et de son propre échec. Ce faisant, le sujet renonce à son activité de perception sensible et à l'appréhension visuelle de l'intérieur de la Basilique, pour se replier en lui-même et réfléchir à ses propres pouvoirs de connaître – en l'occurrence, à sa douloureuse incapacité de se figurer la totalité du bâtiment. C'est ce que Kant appelle « réflexion » ou « jugement réfléchissant ».

Si l'évaluation mathématique des grandeurs est un jugement déterminant, l'évaluation esthétique n'est pas en elle-même un jugement réfléchissant : elle est antérieure à la réflexion, elle est ce qui provoque la réflexion. En ce sens, l'expérience à proprement parler esthétique du monde sensible extérieur est perdue, supplantée par une expérience plus intellectuelle et intériorisée[1]. Dans l'exemple des Pyramides, au contraire, le sujet était pleinement dans le sensible, puisqu'il trouvait le point de vue juste lui permettant de tirer le maximum de la vision des objets extérieurs. Cet exemple est décisif parce qu'il constitue le véritable point de bascule à partir duquel on passe d'une analyse de l'expérience de la grandeur à une analyse de l'expérience du sublime. Les analyses de Kant sur la mesure et l'évaluation esthétique des grandeurs sont très précieuses pour une définition du paysage et de son

---

1. Voir à ce sujet les analyses de B. Saint Girons dans *Fiat Lux*, *op. cit.*

expérience, à condition que l'on s'arrête juste avant leur moment de basculement dans le sublime. L'expérience du paysage se situe sur ce point d'équilibre, cette ligne de partage des eaux, où l'on touche le maximum esthétique, mais sans basculer dans l'intériorité. Je perçois une scène du monde extérieur, cette scène me frappe par sa grandeur, sa vastitude, justement parce que je m'en tiens au « point de vue privilégié » sur le monde sensible dont parle Saint Girons et qui est un point de vue fondamentalement esthétique. Si mon expérience du paysage bascule dans le sublime, ce n'est plus une expérience *du* paysage, mais une expérience de ma propre subjectivité qui a pour *prétexte* un paysage. Il y a donc une grande affinité entre la pensée kantienne du sublime et l'idée de paysage. On n'entend pas dire par là que tout paysage soit sublime, mais que l'expérience d'un paysage, quel qu'il soit, suppose cette sensibilité à l'évaluation des grandeurs dont parle Kant et qu'il considère comme une condition de l'avènement du sublime. L'affinité entre paysage et pensée du sublime n'est pas posée explicitement comme telle par Kant, mais elle est présente implicitement, ne serait-ce que dans la nature des exemples choisis par Kant : à l'exception notable des Pyramides et de Saint-Pierre, Kant prend presque toujours pour exemples – ou prétextes – de l'expérience du sublime des paysages naturels, montagneux ou marins. La raison en est que les paysages sont particulièrement propices à susciter une impression de grandeur et mettent donc en jeu une activité de mesure esthétique.

On voit d'après l'analyse de l'idée de mesure chez Kant qu'il n'y aurait guère de sens à vouloir préciser de manière mathématique l'étendue ou l'ouverture d'un paysage. Le paysage est un espace vaste et ouvert,

dont la mesure ne peut être déterminée par des nombres
(« *n* kilomètres carrés ») mais est appréciée de manière
subjective. L'ouverture et la vastitude d'un espace ne
se nombrent pas, elles s'éprouvent de manière évidente
et intuitive. Pour le reformuler en des termes plus
wittgensteiniens, *combien* un espace doit être vaste ou
ouvert pour pouvoir être considéré comme un paysage
est quelque chose qui va de soi, qui est évident, qui ne
peut être plus nettement délimité ou plus précisément
déterminé. Renoncer à cette évidence, c'est renoncer à la
possibilité du langage et de la communication, renoncer
à s'entendre sur ce qu'on appelle un paysage. Cette
relative indétermination a pour conséquence l'existence
de cas-limite. Les paysages peuvent être plus ou moins
grands ; certains petits paysages sont presque trop petits
pour être des paysages, tandis que certains morceaux
de territoire sont juste assez petits pour ne pas pouvoir
être considérés comme des paysages ; et inversement il
est de grands paysages presque trop grands pour être des
paysages, et des morceaux de territoire juste trop grands
pour cela. Entre les espaces paysagers et les espaces non-
paysagers, la frontière est moins une ligne mince et nette
qu'une zone d'imprécision, d'indécision. Le concept
de paysage implique de manière essentielle qu'il soit
possible d'hésiter, de se demander si tel pan de colline
suffit à faire un paysage.

La mesure de l'étendue spatiale dans un paysage peut
en outre varier selon une série de conditions : l'inclinaison
et l'ouverture[1] de l'angle de vue, la présence éventuelle

---

1. Le terme « ouverture » est ici employé au sens étroit de
l'ouverture optique (qui est aussi le sens de l'ouverture de la focale en
photographie, du grand angle au téléobjectif) et non au sens général de
l'ouverture comme impression esthétique d'espace.

de relief, la variété et l'organisation des éléments dont le paysage est constitué, la qualité atmosphérique. Je ne vois pas autant d'espace selon que je me situe à l'horizontale ou à la verticale par rapport à lui. Je ne vois pas autant d'espace si je me situe au milieu d'un paysage que je peux embrasser à 360° en pivotant sur moi-même, selon un angle panoramique, ou au contraire si ma vue est bordée sur les côtés par des éléments végétaux, rocheux ou architecturaux, selon un angle à 90° par exemple. Je ne vois pas aussi loin selon que le ciel est limpide ou obstrué de brouillard. Je n'évalue pas aussi bien les distances selon que j'ai affaire à un paysage monotone et désert ou à un paysage rempli d'éléments variés et disposés à différentes distances les uns par rapport aux autres. Ces conditions ne sont pas toutes du même ordre. La forte inclinaison de l'angle de vue, ou bien sa grande ouverture, ou encore une bonne transparence de l'air permettent de comprendre une plus grande quantité d'espace dans la vision. Il s'agit de conditions quantitatives. En revanche, la faible inclinaison de l'angle de vue et la présence d'éléments variés et ordonnés dans l'espace sont des conditions qualitatives : elles ne permettent pas de voir *plus* d'espace, elles permettent de voir *mieux* l'espace, d'en *mieux* évaluer l'étendue.

La question de l'inclinaison est essentielle et mérite qu'on s'y attarde un moment. L'angle de vue adopté sur un paysage peut être plus ou moins incliné : de la vision horizontale à la vision verticale en passant par tous les degrés possibles de vision oblique. Dans le cas d'un espace sans relief – plaine ou rivage marin –, plus le point de vue est proche de l'horizontale, plus il est limité, parce qu'en raison de la courbure de la terre la vision s'arrête très vite, au bout de quelques kilomètres, sur la ligne d'horizon ; inversement, plus il s'approche, obliquement, de la verticale, plus il permet de repousser la ligne d'horizon et donc d'embrasser de territoire. La présence de relief modifie les choses : des reliefs très rapprochés arrêtent la vue en deçà de la ligne d'horizon, tandis que des reliefs éloignés la prolongent au-delà (on voit alors la partie supérieure de ces reliefs, mais pas leur base, invisible parce que située en-dessous de notre ligne d'horizon). Un point de vue totalement vertical – c'est-à-dire un point de vue zénithal – permet d'embrasser la plus grande quantité d'espace possible et plus l'on s'éloigne de la surface de la terre plus l'on embrasse de territoire, jusqu'à pouvoir voir le globe entier de la Terre. Cela étant, à mesure que la verticalité nous fait gagner en quantité d'espace, elle nous fait perdre en impression de profondeur. En effet, le point de vue vertical aplatit les reliefs et homogénéise les distances, comme dans les représentations cartographiques de l'espace. Plus je gagne en verticalité, plus le relief tend à s'aplatir et plus les différents points du territoire tendent à se situer à la même distance de moi les uns que les autres. Ce n'est donc plus un paysage que je perçois, mais l'équivalent d'une représentation cartographique de l'espace. C'est pourquoi un point de vue purement vertical sur l'espace ne permet pas de le percevoir comme paysage. Le point de vue sur le paysage peut se rapprocher de la verticale, tant que le sentiment des distances et du relief est maintenu. Plus un point de vue est vertical, plus il permet d'embrasser d'étendue spatiale ; en revanche, plus il est horizontal, plus il permet de donner le sentiment des distances, de la profondeur et du relief. La verticale offre un point de vue plus quantitatif, l'horizontale un point de vue plus qualitatif. La première est plus intellectuelle et plus compréhensive, la seconde est plus esthétique et plus progressive. C'est pourquoi le point de vue le plus fécond sur un paysage est un point de vue oblique, où s'équilibrent verticalité et horizontalité et où le maximum d'étendue spatiale est compatible avec le maximum de profondeur.

Cette fécondité du point de vue oblique est soulignée par Yves Lacoste[1], à l'occasion d'une réflexion sur les différences entre le paysage et la carte géographique, en fait le seul point de vue paysager possible[2]. La carte représente l'espace de façon homogène à une échelle qui est la même pour toute l'étendue représentée, alors que le paysage est caractérisé par un glissement d'échelles, depuis la très grande échelle du tout premier plan jusqu'à des échelles de plus en plus petites vers l'horizon. En outre, la carte est une représentation de l'espace à deux dimensions (la troisième, la hauteur, étant représentée de façon conventionnelle par des courbes de niveau), alors que le paysage est une représentation à trois dimensions. Mais surtout, et c'est là qu'intervient la question du point de vue, la carte est une vue verticale (aérienne), tandis que le paysage est une vue oblique ou proche de l'horizontale (l'angle dépend du dénivelé entre le point d'observation et l'espace observé). Ainsi, la carte achevée représente-t-elle une portion d'espace dans sa totalité, alors qu'un paysage se caractérise nécessairement par des espaces masqués, invisibles depuis un certain point

1. Y. Lacoste, « A quoi sert le paysage ? Qu'est-ce qu'un beau paysage ? », dans *La Théorie du paysage en France (1974-1994)*, A. Roger (dir.), Ceyzérieu, Champ Vallon, 2009.
2. Sur la notion d'oblique, en lien avec le sublime, voir aussi B. Saint Girons, *Fiat Lux, op. cit.*, et *Le Sublime de l'Antiquité à nos jours*, Paris, Desjonquères, 2005.

d'observation. Lorsque le point d'observation change, le paysage change car ce ne sont pas les mêmes espaces qui sont masqués. Plus l'observateur domine le paysage, plus les espaces masqués se réduisent, au fur et à mesure que le paysage se rapproche de la verticale. Quand la vue est verticale, vue d'avion, il n'y a plus d'espace masqué, une portion de l'espace est visible dans sa totalité, mais c'est alors une vue en deux dimensions, où le relief s'aplatit et le paysage disparaît. Que l'on comprenne le paysage comme espace réel ou comme représentation, il n'en reste pas moins qu'il suppose un point de vue oblique sur l'espace, à la différence d'un point de vue vertical, propre aussi bien à certaines perceptions du territoire (par exemple quand il est vu depuis un avion) qu'à certaines de ses représentations (les cartes).

Le degré d'inclinaison du point de vue – ainsi que d'autres conditions comme l'ouverture[1] de l'angle de vue, la présence de relief et la disposition des éléments – font varier l'impression d'ouverture[2] et de vastitude offert par un paysage. Elles ne sont pas réunies dans une même proportion dans tous les paysages, c'est pourquoi on distingue de petits paysages et de grands paysages, des paysages plus ouverts et des paysages moins ouverts. C'est pourquoi aussi certains environnements sont plus riches en paysages que d'autres : les paysages collinaires, très ouverts, par opposition aux espaces urbains confinés ; ou bien les paysages de sommets montagneux, avec vision panoramique, par opposition aux vallées encaissées sans dégagement visuel.

---

1. au sens étroit, optique.
2. au sens large, esthétique.

3. POLYSENSORIALITÉ ET DÉPLACEMENT

Comment cette ouverture caractéristique de l'espace paysager est-elle expérimentée ? Rappelons que dans l'expérience paysagère, c'est le corps tout entier qui est engagé, en tant qu'il perçoit avec ses cinq sens et en tant qu'il est capable de se mouvoir. On a évoqué jusqu'à présent les caractéristiques de l'espace paysager du point de vue de ses conséquences sur la perception visuelle : percevoir un paysage, en ce sens, c'est regarder loin en gardant les pieds sur terre. On a, ce faisant, laissé provisoirement de côté deux aspects essentiels de l'expérience paysagère : la participation d'autres sens que la vue, et la mobilité du corps au sein même de l'espace. Dans l'expérience paysagère, c'est le corps tout entier qui est engagé, en tant qu'il perçoit avec ses cinq sens et en tant qu'il est capable de se mouvoir. En tant qu'environnement ouvert, le paysage suppose un type d'expérience particulier, aussi bien du point de vue du fonctionnement perceptif que de l'articulation de la perception au mouvement.

Commençons par la question de la perception polysensorielle. En tant qu'environnement en général, le paysage peut être perçu par l'entremise d'une pluralité de sensations : visuelles, mais aussi tactiles, kinesthésiques, olfactives et auditives, voire gustatives. Cependant, en tant que paysage, c'est-à-dire environnement caractérisé par son *ouverture*, ces différentes sensations interviennent de manière particulière. L'ouverture, on l'a dit, suppose un déploiement entre un point d'ancrage perceptif et un point de portée maximale. Notre sensorialité est variée et complexe, elle est faite de sens qui n'ont pas tous la même amplitude. Certains sens, comme le toucher, l'odorat et le goût, sont des sens de la proximité : on ne sent que ce qui est proche de nous, on ne touche et on ne goûte que ce qui nous jouxte immédiatement. Au contraire, le sens de la vue est un sens de la distance : on ne voit pas ce qui est collé à notre œil, on voit ce qui est situé à distance de nous, que ce soit à petite distance comme lorsqu'on regarde notre main ou une fleur à nos pieds, à quelques kilomètres comme lorsque l'on regarde l'horizon marin, ou à très grande distance comme lorsque l'on regarde un haut sommet de montagne depuis une plaine ou depuis un autre sommet. L'ouïe occupe une position intermédiaire : on entend des sons proches (le bruissement du vent, la rumeur de la mer, le moteur d'un engin mécanique, le cri d'un animal, des voix humaines...), mais il arrive que des sons plus lointains parviennent jusqu'à nous (une cloche, le tonnerre, la rumeur lointaine d'un train ou d'une voiture...).

Dans l'expérience du paysage, les différents sens n'ont pas la même fonction. L'ensemble des sens peut servir à nous ancrer dans le proche, dans ce qui nous environne immédiatement, dans l'ambiance sensorielle du lieu précis où nous nous situons à un moment donné. En revanche, la vue, et dans une moindre mesure l'ouïe, voire dans certains cas l'odorat, permettent de parcourir l'espace où se déploie le paysage jusqu'aux points les plus reculés. La tension entre le proche et le loin, constitutive de l'expérience du paysage réel, est donc aussi à comprendre comme une tension entre les différents sens, entre l'enrobement sensoriel caractéristique de la perception du proche et le déploiement caractéristique de la vision du lointain. La vue reste cependant « souveraine » dans l'expérience du paysage[1], car elle suffit à elle seule à nous faire éprouver la profondeur de l'espace, l'écart entre le proche et le loin constitutifs d'un environnement paysager. Elle peut à la limite se passer des autres sens. Je peux me promener en voiture, vitres fermées, dans un paysage, abstraction faite donc de toutes les sensations non-visuelles. Le paysage de l'autre côté de la vitre reste un paysage réel, d'une part parce qu'il est *possible*, même si je ne suis pas en train de le faire actuellement, de l'expérimenter avec tous les sens, d'autre part parce que la vision tridimensionnelle de l'espace suffit à me faire apprécier la distance, l'écart entre le proche et le loin. En revanche, si, me promenant dans une campagne, je ferme les yeux ou que tombe une nuit toute noire, je perds de vue le paysage. Ce n'est alors plus un paysage que je perçois, mais un environnement sensoriel fait de sensations tactiles, de bruits et d'odeurs, un ensemble d'ambiances sensorielles. Sans la vue, on ne peut plus parler de paysage. On parle, il est vrai, de « paysage sonore » ou de « paysage olfactif ». Or ces expressions ne sont pas à prendre au pied de la lettre, mais dans un sens soit métonymique soit métaphorique. Comme métonymies, elles prennent le tout (« paysage ») pour la partie (« sonore », « olfactif »). Comme métaphores, il s'agit de manières élégantes de dire « environnement sonore ou olfactif ». Quoi qu'il en soit, si la vue reste souveraine dans l'expérience du paysage, elle peut s'associer à une pluralité de sensations dans la mesure

1. On s'écarte ici de la thèse défendue par J.-F. Augoyard dans « La vue est-elle souveraine dans l'esthétique paysagère ? », *Le Débat* 65, Paris, Gallimard, 1991, p. 51-58. Cette thèse, en effet, s'applique moins au concept de paysage tel que nous l'avons défini en un sens étroit qu'au paysage entendu au sens plus large d'environnement.

où celles-ci sont susceptibles d'enrichir la perception de l'ouverture de l'espace caractéristique d'un paysage.

Si l'association de la vision à d'autres perceptions n'est pas une condition indispensable à l'expérience d'un paysage, son articulation au mouvement est en revanche nécessaire. Le caractère dynamique de la perception et la double dimension esthétique et pratique de l'expérience font la spécificité de l'expérience d'un paysage réel par rapport à celle d'un paysage représenté. Il y a une activité au fondement de l'expérience paysagère, celle du mouvement corporel, depuis le simple mouvement du corps sur lui-même (bouger les yeux, la tête, se tourner sur soi, se pencher) jusqu'au déplacement du corps à travers l'espace perçu. Le mouvement est donc une condition de l'expérience du paysage réel, expérience à la fois esthétique et pratique. Comment ces deux niveaux – pratique et esthétique – de l'expérience du paysage s'articulent-ils et que change le mouvement à la perception (notamment visuelle) du paysage?

Dès lors que le corps du sujet percevant est en mouvement dans l'espace qu'il contemple, la vision du paysage n'est plus autonome. Elle entre en relation avec le mouvement corporel, elle se greffe, s'embarque sur le mouvement du sujet au sein du paysage. Le mouvement rend ainsi possible une variation constante des angles de vue et par conséquent une démultiplication indéfinie des vues paysagères. Non que la perception d'un paysage réel soit une collection de différentes vues – à la manière des séries picturales ou photographiques (par exemple les séries *Charing Cross Bridge* ou *Le Pont de Waterloo* de Claude Monet). Mais plutôt, les vues s'enchaînent et se fondent les unes dans les autres sans solution de continuité et sans détermination d'un angle de vue privilégié. Le paysage réel, parce qu'il repose sur une perception en mouvement, n'est pas une vue ou une série de vues discontinues comme le paysage représenté, c'est un continuum visuel.

La perte d'un angle de vue privilégié, qu'implique le fait de se mouvoir dans le paysage, a pour corollaire de faire voler en éclat toute possibilité d'un cadre, d'une délimitation de la vue. Du moment où nous nous déplaçons dans le paysage, les frontières de ce que nous voyons sont en constante transformation. Il suffit de nous déplacer de quelques mètres en avant ou en arrière pour voir des choses que nous ne voyions pas encore et pour perdre de vue des choses que nous voyions. Le champ du visible se renouvelle constamment, des zones jusque-là cachées ou hors de la portée de mon regard se dévoilent à ma vue, en même temps que se perdent des zones que je tenais jusque-là sous mon regard. Le paysage réel se caractérise, comme on l'a vu, par l'ouverture de l'espace, sa profondeur, son étirement du point le plus proche jusqu'au point le plus lointain. Non contents de constater visuellement l'ouverture de l'espace, nous l'éprouvons de manière physique, corporelle. Nous voyons l'espace s'étirer devant nous et nous pouvons parcourir cette distance, rejoindre le point le plus éloigné de notre champ de vision. Le mouvement permet ainsi de faire l'épreuve de l'épaisseur paysagère et d'apprécier l'organisation de l'espace, les formes et les proportions véritables des éléments qui s'y situent, au contraire de la représentation qui écrase, déforme, ne laisse voir qu'un côté des choses.

Le mouvement est donc une condition de la visibilité du paysage réel, de sa lisibilité pour le regard du sujet percevant. Si, de manière générale, le mouvement du corps modifie la perception du paysage par le sujet, la dimension esthétique de l'expérience du paysage réel étant conditionnée par sa dimension pratique (motrice), les différentes modalités possibles du déplacement au sein des paysages introduisent des variations notables dans la perception de tel ou tel paysage. Le déplacement au sein du paysage peut en effet solliciter toutes sortes de techniques corporelles de déplacement : marcher bien sûr, mais aussi courir, gravir, escalader, nager, glisser. En outre, on peut aussi se déplacer en ayant recours à un moyen de transport : la bicyclette, les patins, le ski, la chevauchée à dos d'animal, le bateau, l'automobile, la voiture hippomobile, la moto, le train, l'avion, le parapente, la montgolfière. Se mouvoir au sein d'un paysage suppose donc un contexte technique. A ces questions, Marc Desportes a consacré d'intéressantes analyses[1] dont nous nous inspirons en partie dans le développement qui suit.

Le mode choisi pour évoluer au sein d'un paysage peut modifier considérablement l'expérience que nous en faisons. Certains modes de transport permettent à la perception visuelle de s'associer à d'autres perceptions : à pied, à cheval, à vélo, on est environné d'odeurs, de sons, de sensations tactiles comme celles du vent, de l'humidité et de la chaleur de l'air, de la plus ou moins grande résistance du sol, des aléas du parcours comme les montées et les descentes. D'autres modes de transport tendent au contraire à réduire la perception à la seule dimension visuelle en isolant le sujet dans une bulle : c'est le cas des transports clos comme le train ou la

---

1. M. Desportes, *Paysages en mouvement. Transports et perception de l'espace XVIIIᵉ-XXᵉ siècle*, Paris, Gallimard, 2005.

voiture. Certains modes de transport se révèlent propices à l'exploration d'un paysage en raison de leur lenteur et/ou de l'autonomie qu'ils confèrent au sujet dans le choix du parcours – la marche, le vélo, le cheval par exemple. D'autres modes de transport, comme la voiture ou le train, sont plutôt propices, en raison de leur vitesse, à l'expérience du passage d'un paysage à l'autre, des ruptures ou des continuités qui assurent la transition entre deux paysages. Ajoutons que plus une façon de se déplacer au sein d'un paysage suppose un effort physique et met le corps du sujet à l'épreuve, plus le sujet est en contact direct avec le paysage et à même d'en percevoir corporellement les caractéristiques. A cet égard, les fatigues liées à l'ascension en montagne représentent une forme de perception kinesthésique particulièrement intériorisée, incorporée, de l'aspect accidenté d'un paysage montagnard. La chevauchée, quant à elle, permet d'éprouver les accidents du paysage par procuration, en constatant l'effort fourni par le cheval (souffle, effort musculaire, transpiration : toutes choses que le cavalier perçoit par la vue, l'ouïe, le toucher, l'odorat). Toutes ces différentes modalités de déplacement ont pour conséquence différents types de perception sensible du paysage : d'un mode de déplacement à l'autre, les impressions sensorielles, en particulier visuelles et kinesthésiques, varient en qualité et en intensité. On constate ici encore à quel point la dimension esthétique de l'expérience du paysage dépend de sa dimension pratique, motrice.

L'expérience des paysages réels laisse donc une grande liberté esthétique au sujet – à la différence là encore du paysage représenté qui impose un cadre et une attitude. Au sujet de composer son expérience, dans la multiplicité

CHAPITRE III

DU PAYSAGE ESTHÉTIQUE
AU PAYSAGE POLITIQUE
À PROPOS DE LA FRESQUE DU *BON GOUVERNEMENT* DE LORENZETTI

Pour conclure cette présentation des enjeux esthétiques de la notion de paysage, entre paysage réel et paysage représentation, mais aussi l'élargir à des problématiques non-esthétiques, penchons-nous à présent sur ce qui est parfois considéré comme le premier paysage de l'art pictural occidental : la fresque d'Ambrogio Lorenzetti dite du *Bon Gouvernement*, ou pour l'appeler par son nom complet l'*Allégorie et effets du bon et du mauvais gouvernement sur la ville et sur la campagne* (1338-1340). Cette fresque nous intéresse ici pour deux raisons : premièrement parce que le dispositif artistique dans lequel elle a été conçue offre un merveilleux exemple de cette circulation entre le réel et la représentation qui caractérise l'esthétique paysagère occidentale ; deuxièmement parce que si l'œuvre nous propose une expérience paysagère qui est d'abord et avant tout d'ordre esthétique, celle-ci constitue une voie d'accès à une autre dimension fondamentale du paysage, à savoir sa dimension socio-politique.

La fresque[1] se trouve dans la salle dite « Sala della Pace » du Palazzo Pubblico de Sienne, sur la Piazza del Campo. Elle recouvre trois des quatre murs de la salle (laquelle, pour se faire une idée, mesure quatorze mètres de long sur sept mètres de large), tandis que le quatrième mur s'ouvre par une grande fenêtre sur la campagne environnante. Sur le mur nord est représentée l'allégorie du bon gouvernement, avec notamment des figures allégoriques dans la partie haute (comme la Paix, la Justice, la Concorde, etc.) et un groupe de citoyens en file indienne dans la partie basse. Sur le mur est sont peints les effets du bon gouvernement sur la ville et la campagne : une vue urbaine évoquant Sienne sur la partie gauche, qui se prolonge par un paysage de campagne sur la droite, les portes de la ville assurant la transition visuelle entre la ville et la campagne. Sur le mur ouest sont représentés tout à la fois, de droite à gauche, l'allégorie du mauvais gouvernement ainsi que ses effets sur la ville et la campagne. La partie « bon gouvernement » et la partie « mauvais gouvernement » représentent les mêmes lieux mais dans des états opposés : d'un côté, une ville et une campagne vivantes, prospères, paisibles, grâce à la bonne gestion du gouvernement ; d'un autre côté, une ville et une campagne à l'abandon, ravagées par la violence, la guerre civile et la mauvaise gestion du gouvernement. Certes, les paysages ruraux et urbains représentés font penser à Sienne et à la campagne siennoise – pour autant,

---

1. Techniquement, la « fresque » de Lorenzetti n'est pas une fresque, c'est-à-dire une peinture murale *a fresco*, peinte dans le frais de l'enduit, mais une peinture murale *a tempera*, où les pigments sont déposés sur l'enduit sec en étant préalablement mélangés à une émulsion. Mais le terme « fresque » est passé dans l'usage pour la désigner.

il s'agit moins d'une peinture réaliste, d'un portrait fidèle de la ville de Sienne et de sa campagne, que d'une peinture empruntant certains éléments au réel et les combinant afin de représenter une vision idéalisée de la ville et de la campagne – par exemple ce à quoi pourraient ressembler Sienne et sa ville si elles étaient dirigées par tel ou tel gouvernement. Par un hasard de l'histoire où l'on peut se plaire à voir une certaine ironie, les murs nord et est, ceux qui sont dédiés à l'harmonie et la prospérité, sont en très bon état de conservation, tandis que le mur ouest, celui des ravages, a été irrémédiablement endommagé par des incendies et diverses infiltrations d'eau qui se sont produits pendant la période de guerre civile qui a suivi la réalisation de la fresque.

Avant d'examiner la dimension politique de la fresque, penchons-nous sur sa dimension esthétique. La fresque répond à un dispositif scénographique particulier, qui met en jeu le lien entre le réel et la représentation. Comme le souligne Patrick Boucheron[1], le paysage réel de campagne collinaire, visible à travers la fenêtre, est immédiatement encadré par deux représentations de campagnes collinaires, très proches dans le type de paysage, bien qu'idéalisées : « hors-champ » réel de ces deux images idéales, le paysage extérieur est aussi le « lien » qui les unit[2], qui unit le paysage de campagne prospère et pacifiée au paysage de campagne ravagée par les guerres civiles et la mauvaise gestion territoriale. Si la présence d'une fenêtre peut s'expliquer par le besoin d'une source lumineuse pour rendre les fresques

---

1. P. Boucheron, *Conjurer la peur - Sienne, 1338. Essai sur la force politique des images*, Paris, Seuil, 2013.
2. Les deux termes sont de Patrick Boucheron dans l'ouvrage cité.

visibles, la continuité qu'elle introduit entre paysage réel et paysage représenté ne relève nullement du hasard mais bien d'un choix de la part de l'artiste, un choix de dispositif scénographique relatif à la façon de présenter l'œuvre au public et d'orienter son expérience esthétique. Ce dispositif possède bien sûr une valeur symbolique, dans la mesure où tout le sens de la fresque est d'inviter à une réflexion politique sur les différentes relations possibles entre l'idéal et le réel, on y reviendra. Mais il possède d'abord et avant tout une fonction esthétique, dans la mesure où les spectateurs sont invités à opérer un va-et-vient du regard entre le réel et la représentation, voire à circuler physiquement entre le paysage représenté dans la salle et le paysage qui s'étend au dehors. Cette interprétation n'a rien de fantaisiste, elle se fonde sur le contenu de la fresque elle-même, qui représente précisément, sur les murs est et ouest, cette transition physique, matérielle, de la ville vers la campagne et de la campagne vers la ville. Les deux pans consacrés aux effets du gouvernement sur la ville et sur la campagne sont structurés autour du point de passage que constitue, aussi bien réellement que symboliquement, la porte de la ville. Dans l'encadrement de la porte du mur est, c'est-à-dire là où le territoire est bien gouverné, des personnages transitent dans les deux sens : des nobles qui sortent à cheval de la ville vers la campagne pour aller chasser et des paysans qui entrent dans la ville ou qui en sortent avec leurs bêtes chargées de marchandises. Dans l'encadrement de la porte du mur ouest, là où le territoire est ravagé, ce sont des hommes en armes qui sortent de la ville. Après avoir contemplé la fresque et le bout de hors-champ qui se découpe dans l'encadrement de la fenêtre, les spectateurs sont ainsi invités, aussi bien par le dispositif scénographique que par le contenu de la fresque et ce qui apparaît comme l'un de ses enseignements, à se rendre sur la terrasse adjacente pour voir le paysage libéré du cadre de la fenêtre, à la manière des deux petits personnages penchés au-dessus de la balustrade dans *La Vierge au Chancelier Rollin*, à la manière aussi et surtout de leur prédécesseur lorenzettien, ce petit personnage qui apparaît dans un détail du mur est de la fresque, près d'un moulin, appuyé sur un muret qui surplombe la rivière, à contempler le paysage qui se déploie devant lui. Peut-être même sommes-nous invités, à la manière cette fois des nobles et des paysans sortant des portes de la ville, à sortir du palais pour nous engager dans les rues en direction du sud-est et de la Porta Romana et, à mesure que nous quittons la ville, à entrer progressivement dans le paysage de la campagne environnante, une campagne devenue désormais très périurbaine, mais que l'on peut imaginer bien plus rurale et proche du paysage représenté dans la fresque à l'époque où cette dernière fut réalisée. Telle est la façon dont la fresque est offerte à la réceptivité des spectateurs et peut être constituée par eux en expérience esthétique. Mais la portée du projet artistique de Lorenzetti ne s'arrête pas là, dans la mesure où il prend appui sur l'expérience esthétique pour inviter à une expérience de réflexion politique, voire d'action politique proprement dite [1].

---

1. À ce sujet, on se reportera au livre de Julien Dossier, *Renaissance écologique. 24 chantiers pour le monde de demain*, Arles, Actes Sud, 2019, qui montre comment la fresque peut être lue comme un ensemble de propositions très concrètes et très actuelles pour agir et transformer nos modes de vie au sein du paysage. Pour une analyse des sources en philosophie politique qui ont pu nourrir la réflexion de Lorenzetti, on se référera au livre de Q. Skinner, *L'Artiste en philosophie politique : Ambrogio Lorenzetti et le Bon gouvernement*, Paris, Seuil, 2003.

Reprenons les choses au début. La fresque ne se trouve ni dans un lieu d'art comme un musée, ni dans un lieu de culte comme une église ou un monastère, mais dans un lieu public et politique, le Palazzo Pubblico de Sienne, à savoir le siège du gouvernement de la commune de Sienne (ville et territoire rural environnant). Le lieu même de la fresque indique donc d'emblée sa vocation, qui n'est pas ou pas uniquement esthétique, mais politique. Il n'y a là rien d'un quelconque « art pour l'art », mais bien plutôt un art – aussi merveilleux et achevé soit-il – au service d'une société et de la pratique effective de la politique. La fresque fut commandée au peintre Ambrogio Lorenzetti par le gouvernement des Neuf, alors à la tête de la République de Sienne – un gouvernement ardemment attaché à la défense du bien commun. La commande fut passée en raison d'un sentiment de fragilité ou de menace éprouvé par les Neuf, dans une période de grande instabilité sociale et politique, afin de rendre public et accessible à tous un message politique complexe sur la question du gouvernement et du bien commun. La fresque était accessible à tous les citoyens de Sienne, au même titre que les textes de loi et notamment les « statuts » du gouvernement des Neuf. L'idée des Neuf était de s'adresser aux citoyens dans un langage imagé plus universel et populaire que le langage des textes écrits, un peu à la manière des images religieuses dans les églises qui se substituaient aux récits de la Bible. Précisons que si le langage de la fresque était considéré comme plus universel et populaire, ce n'est pas seulement parce qu'il s'adressait à un public largement analphabète, mais aussi parce que ce public-là avait justement une capacité particulière – que nous avons perdue depuis et qui n'est donc plus universelle et populaire de nos jours – à lire, comprendre, interpréter des images, à réfléchir à partir d'elles comme d'autres le font à partir de textes. On peut voir dans cette fresque à la fois un programme politique et une mise en garde : le programme politique qui est celui du Gouvernement des Neuf (« nous allons être ce bon gouvernement que vous voyez sur le mur nord et votre ville, votre campagne ressembleront à cette ville, cette campagne ») et une mise en garde contre les périls qui menacent ce même gouvernement (« si nous tombons, vous risquez d'avoir affaire à un mauvais gouvernement qui détruira votre ville et votre campagne de cette façon »). Elle constitue en tous les cas un appel à la réflexion politique citoyenne, à la sagesse politique, autour de la question de savoir ce qu'est un bon gouvernement, quelle est la meilleure politique, quelle est la meilleure façon de vivre ensemble.

Qu'est-ce qu'un bon gouvernement d'après cette fresque ? C'est un gouvernement fondé sur la justice et garantissant à ce titre le lien social (la « *Concordia* » de l'allégorie, qui unit en une seule corde les deux brins émanant de la « *Justitia* » et transmet la corde aux citoyens, qui se la passent de main en main) et donc, par extension, la paix, les échanges, la production, la vitalité biologique et sociale, l'éducation, la célébration des rituels sociaux et religieux, la libre circulation des personnes, la coexistence de différents profils sociaux-économiques. Le paysage idéal est en outre caractérisé par sa double dimension urbaine et rurale et la circulation de l'un à l'autre, l'interdépendance entre les deux, qui permet de former une unité territoriale autonome. Qu'est-ce, maintenant, qu'un mauvais gouvernement ? C'est tout l'inverse : un gouvernement fondé sur l'injustice et la tyrannie, destructeur du lien social et

Résumons. Le dispositif de Lorenzetti nous donne à voir un paysage et même plusieurs paysages : le paysage réel de la campagne siennoise, par la fenêtre, et des représentations idéalisées de ce paysage. Par-là, il nous invite à passer d'une perception purement esthétique du paysage à une réflexion sur le sens politique d'un paysage. Car ce qui est remarquable dans l'œuvre et la pensée de Lorenzetti, c'est que le paysage est présenté comme l'incarnation territoriale d'une politique, d'un gouvernement, d'un vivre ensemble. Le paysage, c'est non seulement cet espace particulier que nous percevons, mais c'est aussi cet espace particulier que nous vivons, habitons, traversons, travaillons, modelons, façonnons dans une commune activité. Nous vivons *dans* et *de* nos paysages, puisque c'est dans leur substrat territorial que nous puisons les ressources nécessaires à la vie (eau, nourriture, source d'énergie, matériaux de construction, etc.), que nous construisons nos lieux d'habitations et les réseaux utiles à nos déplacements, ou encore que nous retirons des profits pour agrémenter notre vie. John Brinckerhoff Jackson [1] et, à sa suite, Jean-Marc Besse [2], insistent sur le fait que la culture du paysage n'est pas seulement une culture du regard mais aussi et surtout une culture du façonnement : le paysage n'est pas seulement vu à travers une culture, il est aussi et surtout fabriqué, façonné, modifié, détruit par toutes les activités qui constituent notre culture. Ces activités

1. J. Brinckerhoff, *A la découverte du paysage vernaculaire*, Arles-Paris, Actes Sud-École nationale supérieure de paysage, 2003 ; *De la nécessité des ruines et autres sujets*, Paris, Éditions du Linteau, 2005.
2. J.-M. Besse, *Le Goût du monde. Exercices de paysage*, Arles-Paris, Actes Sud-École nationale supérieure de paysage, 2009.

peuvent être conduites à un niveau individuel mais font le plus souvent l'objet d'un projet collectif et répondent à ce titre à des choix politiques, lesquels dépendent à leur tour de conditions institutionnelles et profession-nelles. Du côté des professionnels, la transformation des paysages est l'objet des pratiques de différents métiers – agriculture, aménagement, paysagisme, architecture, urbanisme. Du côté institutionnel, on peut distinguer entre les institutions commanditaires comme les collectivités publiques et les institutions chargées de veiller au respect de certains principes de préservation ou de développement (UNESCO, parcs naturels régionaux, chartes et conventions paysagères notamment). Ce qui se donne à voir dans le paysage, ce ne sont donc pas des formes de pure contemplation esthétique, mais le résultat des choix politiques d'une collectivité à plus ou moins grande échelle (locale, nationale, internationale), aussi bien sur le plan social que sur le plan économique ou environnemental. En ce sens, le paysage représente une nécessaire articulation de la contemplation esthétique et de l'intérêt pratique, concrétisé dans des actes. Un « bon gouvernement » des paysages n'est pas nécessairement celui qui se concentrerait sur la seule dimension esthétique de ceux-ci – de telles politiques conduisant, comme on le voit justement très bien dans l'arrière-pays siennois contemporain, à des formes de muséification qui figent le paysage en le dédiant uniquement au spectacle touristique et en limitant les activités développées au sein du paysage à la destination de ce seul spectacle. La dimension esthétique des paysages est tout à fait conciliable avec des enjeux économiques – tirer des ressources, voire des profits grâce aux activités déployées au sein d'un paysage : c'est ce que l'on voit de manière très concrète dans la fresque de Lorenzetti avec la représentation des différentes activités agricoles, artisanales et marchandes. Mais faire de la dimension esthétique elle-même un enjeu économique, avec la marchandisation touristique de la « beauté » paysagère, voire avec les politiques de patrimonialisation paysagère de type UNESCO, c'est risquer au contraire de perdre la double vitalité esthétique et pratique des paysages. Comme le remarque Rosario Assunto dans un texte auquel nous consacrons un commentaire détaillé dans la suite de l'ouvrage, « le paysage est une réalité esthétique que nous contemplons tout en vivant dedans »[1] : perdre cette dimension d'activité vitale et pratique au sein des paysages, c'est prendre le risque d'appauvrir considérablement l'expérience esthétique des paysages – même si bien sûr nos activités au sein des paysages demandent à être politiquement encadrées et « bien gouvernées » afin de nous garantir l'accès au paysage comme bien commun, suivant la suggestion de Lorenzetti.

---

1. R. Assunto, *Il paesaggio e l'estetica*, chapitre 4 (ma traduction).

TEXTES ET COMMENTAIRES

ne voyions que par le dos, son bâton sur l'épaule, son
sac suspendu à son bâton, se hâtait vers la route même
qui nous avait conduits. Il fallait qu'il fût bien pressé
d'arriver, car la beauté du lieu ne l'arrêtait pas. On avait
pratiqué sur la rampe de ces montagnes, une espèce de
chemin assez large. Nous ordonnâmes à nos enfants de
s'asseoir et de nous attendre ; et pour nous assurer qu'ils
n'abuseraient point de notre absence, le plus jeune eut
pour tâche deux fables de Phèdre à apprendre par cœur,
et l'aîné, l'explication du premier livre des *Géorgiques*
à préparer. Ensuite nous nous mîmes à grimper par
ce chemin difficile. Vers le sommet nous aperçûmes
un paysan avec une voiture couverte ; cette voiture
était attelée de bœufs. Il descendait, et ses animaux se
piétaient, de crainte que la voiture ne s'accélérât sur eux.
Nous les laissâmes derrière nous, pour nous enfoncer
dans un lointain, fort au-delà des montagnes que nous
avions grimpées et qui nous le dérobaient. Après une
marche assez longue, nous nous trouvâmes sur une
espèce de pont, une de ces fabriques de bois, hardies et
telles que le génie, l'intrépidité et le besoin des hommes
en ont exécuté dans quelques pays montagneux. Arrêté
là, je promenai mes regards autour de moi et j'éprouvai
un plaisir accompagné de frémissement. Comme mon
conducteur aurait joui de la violence de mon étonnement,
sans la douleur d'un de ses yeux qui était resté rouge et
larmoyant ! Cependant il me dit d'un ton ironique, « Et
Loutherbourg, et Vernet, et Claude Lorrain ? »… Devant
moi comme du sommet d'un précipice, j'apercevais
les deux côtés, le milieu, toute la scène imposante que
je n'avais qu'entrevue du bas des montagnes. J'avais à
dos une campagne immense qui ne m'avait été annoncée
que par l'habitude d'apprécier les distances entre des

objets interposés. Ces arches que j'avais en face, il n'y a qu'un moment, je les avais sous mes pieds. Sous ces arches descendait à grand bruit un large torrent. Ses eaux interrompues, accélérées se hâtaient vers la plage du site la plus profonde. Je ne pouvais m'arracher à ce spectacle mêlé de plaisir et d'effroi. Cependant je traverse cette longue fabrique, et me voilà sur la cime d'une chaîne de montagnes parallèles aux premières. Si j'ai le courage de descendre celles-là, elles me conduiront au côté gauche de la scène dont j'aurai fait le tour. Il est vrai que j'ai peu d'espace à traverser pour éviter l'ardeur du soleil et voyager dans l'ombre ; car la lumière vient d'au-delà de la chaîne de montagnes dont j'occupe le sommet et qui forment avec celles que j'ai quittées un amphithéâtre en entonnoir dont le bord le plus éloigné, rompu, brisé est remplacé par la fabrique de bois qui unit les cimes des deux chaînes de montagnes. Je vais. Je descends ; et après une route longue et pénible à travers des ronces, des épines, des plantes et des arbustes touffus, me voilà au côté gauche de la scène. Je m'avance le long de la rive du lac formé par les eaux du torrent, jusqu'au milieu de la distance qui sépare les deux chaînes, je regarde, je vois le pont de bois à une hauteur et dans un éloignement prodigieux. Je vois depuis ce pont les eaux du torrent arrêtées dans leur cours par des espaces de terrasses naturelles ; je les vois tomber en autant de nappes qu'il y a de terrasses et former une merveilleuse cascade. Je les vois arriver à mes pieds, s'étendre et remplir un vaste bassin. Un bruit éclatant me fait regarder à ma gauche. C'est celui d'une chute d'eaux qui s'échappent d'entre des plantes et des arbustes qui couvrent le haut d'une roche voisine et qui se mêlent en tombant aux eaux stagnantes du torrent. Toutes ces masses de roches

hérissées de plantes vers leurs sommets sont tapissées
à leur penchant de la mousse la plus verte et la plus
douce. Plus près de moi, presque au pied des montagnes
de la gauche s'ouvre une large caverne obscure. Mon
imagination échauffée place à l'entrée de cette caverne
une jeune fille qui en sort avec un jeune homme. Le jeune
homme tient un des bras de la jeune fille sous le sien.
Elle, a la tête détournée du jeune homme ; elle a couvert
ses yeux de sa main libre, comme si elle craignait de
revoir la lumière et de rencontrer les regards du jeune
homme. Mais si ces personnages n'y étaient pas, il y avait
proche de moi, sur la rive du grand bassin une femme qui
se reposait avec son chien à côté d'elle. En suivant la
même rive, à gauche, sur une petite plage plus élevée,
un groupe d'hommes et de femmes, tel qu'un peintre
intelligent l'aurait imaginé ; plus loin un paysan debout.
Je le voyais de face, et il me paraissait indiquer de la
main la route à quelque habitant d'un canton éloigné.
J'étais immobile ; mes regards erraient sans s'arrêter sur
aucun objet ; mes bras tombaient à mes côtés. J'avais
la bouche entrouverte. Mon conducteur respectait mon
admiration et mon silence. Il était si heureux, aussi vain
que s'il eût été le propriétaire ou même le créateur de ces
merveilles. Je ne vous dirai point quelle fut la durée de
mon enchantement. L'immobilité de ces êtres, la solitude
du lieu, son silence profond suspend le temps. Il n'y en a
plus. Rien ne le mesure. L'homme devient comme éternel.
Cependant par un tour de tête bizarre, comme j'en ai
quelquefois, transformant tout à coup l'œuvre de nature
en une production de l'art, je m'écriai, que cela est beau,
grand, varié, noble, sage, harmonieux, vigoureusement
colorié ! Mille beautés éparses dans l'univers ont été
rassemblées dans cette toile, sans confusion, sans effort,

et liées par un goût exquis. C'est une vue romanesque dont on suppose la réalité quelque part. Si on imagine un plan vertical élevé sur la cime de ces deux chaînes de montagnes et assis sur le milieu de cette fabrique de bois, on aura au-delà de ce plan, vers le fond, toute la partie éclairée de la composition ; en-deçà, vers le devant, toute sa partie obscure et de demi-teinte. On y voit les objets, nets, distincts, bien terminés. Ils ne sont privés que de la grande lumière. Rien n'est perdu pour moi parce qu'à mesure que les ombres croissent, les objets sont plus voisins de ma vue. Et ces nuages interposés, entre le ciel et la fabrique de bois, quelle profondeur ne donnent-ils pas à la scène. Il est inouï l'espace qu'on imagine au-delà de ce pont, l'objet le plus éloigné qu'on voie. Qu'il est doux de goûter ici la fraîcheur de ces eaux, après avoir éprouvé la chaleur qui brûle ce lointain. Que ces roches sont majestueuses ! que ces eaux sont belles et vraies ! comment l'artiste en a-t-il obscurci la transparence ! … Jusque-là, le cher abbé avait eu la patience de me laisser dire ; mais à ce mot d'artiste, me tirant par la manche, « Est-ce que vous extravaguez ? me dit-il. » Non pas tout à fait … « Que parlez-vous de demi-teinte, de plan, de vigueur de coloris » … Je substitue l'art à la nature pour en bien juger … « Si vous vous exercez souvent à ces substitutions, vous aurez de la peine à trouver de beaux tableaux » … Cela se peut. Mais convenez qu'après cette étude, le petit nombre de ceux que j'admirerai en vaudront la peine … « Il est vrai » … (…)

Cependant le carrosse s'éloignait avec les deux petits enfants, les ténèbres s'augmentaient, les bruits s'affaissaient dans la campagne, la lune s'élevait sur l'horizon, la nature prenait un aspect grave dans les lieux privés de lumière, tendre dans les plaines éclairées. Nous allions en silence, l'abbé me précédant, moi le suivant et m'attendant à chaque pas à quelque nouveau coup de théâtre. Je ne me trompais pas. Mais comment vous en rendre l'effet et la magie ? Ce ciel orageux et obscur. Ces nuées épaisses et noires ; toute la profondeur, toute la terreur qu'elles donnaient à la scène, la teinte qu'elles jetaient sur les eaux ; l'immensité de leur étendue ; la distance infinie de l'astre à demi voilé dont les rayons tremblaient à leur surface ; la vérité de cette nuit, la variété des objets et des scènes qu'on y discernait ; le bruit et le silence ; le mouvement et le repos ; l'esprit des incidents ; la grâce, l'élégance, l'action des figures ; la vigueur de la couleur ; la pureté du dessin ; mais surtout l'harmonie et le sortilège de l'ensemble. Rien de négligé ; rien de confus ; c'est la loi de la nature riche sans profusion, et produisant les plus grands phénomènes avec la moindre quantité de dépense. Il y a des nuées, mais un ciel qui devient orageux ou qui va cesser de l'être n'en assemble pas davantage. Elles s'étendent, ou se ramassent et se meuvent ; mais c'est le vrai mouvement, l'ondulation réelle qu'elles ont dans l'atmosphère. Elles obscurcissent, mais la mesure de cette obscurité est juste. C'est ainsi que nous avons vu cent fois l'astre de la nuit en percer l'épaisseur. C'est ainsi que nous avons vu sa lumière affaiblie et pâle trembler et vaciller sur les eaux. Ce n'est point un port de mer que l'artiste a voulu peindre. Oui, mon ami, l'*artiste*. Mon secret m'est échappé, et il n'est plus temps de recourir après. Entraîné par le charme du Clair de lune de Vernet, j'ai oublié que je vous avais fait un conte jusqu'à présent ; que je m'étais supposé devant la nature, et l'illusion était bien facile ; et tout à coup je me suis retrouvé de la campagne, au Salon… « Quoi, me direz-vous, l'instituteur, ses deux petits élèves, le déjeuner sur l'herbe, le pâté, sont imaginés »… *È vero…* « Ces différents sites sont des tableaux de Vernet ? »… *Tu l'hai detto…* « Et c'est pour rompre l'ennui et la monotonie des descriptions que vous en avez fait des paysages réels et que vous avez encadré ces paysages dans des entretiens »… *A maraviglia. Bravo. Ben sentito.* Ce n'est donc plus de la nature, c'est de l'art ; ce n'est plus de Dieu, c'est de Vernet que je vais vous parler.

Ce n'est point, vous disais-je, un port de mer qu'il a voulu peindre. On ne voit pas ici plus de bâtiments qu'il n'en faut pour enrichir et animer sa scène. C'est l'intelligence et le goût ; c'est l'art qui les a distribués pour l'effet ; mais l'effet est produit, sans que l'art s'aperçoive. Il y a des incidents, mais pas plus que l'espace et le moment de la composition n'en exigent. C'est, vous le répéterai-je, la richesse et la parcimonie de nature toujours économe et jamais avare ni pauvre. Tout est vrai. On le sent. On n'accuse, on ne désire rien. On jouit également de tout. J'ai ouï dire à des personnes qui avaient fréquenté longtemps les bords de la mer, qu'elles reconnaissaient sur cette toile, ce ciel, ces nuées, ce temps, toute cette composition.

PAYSAGE RÉEL OU PAYSAGE PEINT ?

La culture paysagère occidentale est habitée par une tension fondamentale entre le paysage réel et sa représentation. En dépit de l'impossibilité ontologique à franchir l'écart qui sépare la chose de sa représentation, ou peut-être à cause de cette impossibilité même, nos approches esthétiques du paysage semblent travaillées par la fantaisie de rapprocher les deux espaces paysagers, de réduire l'écart ontologique qui les sépare, de considérer les paysages réels comme des paysages représentés et *vice versa* : « *ut pictura natura* » et « *ut natura pictura* », pour parodier la célèbre formule d'Horace, c'est-à-dire « la nature comme la peinture » et « la peinture comme la nature ». Il s'agit là de deux formes de transgression paysagère symétriques. Oscar Wilde, au XIXᵉ siècle, a rendu célèbre la version *ut pictura natura* de la transgression paysagère, avec sa boutade au sujet des brouillards londoniens qui auraient été inventés par les peintres impressionnistes. Un siècle plus tôt, c'est Diderot qui, dans le passage connu sous le nom de « Promenade Vernet » du *Salon de 1767*[1], offre une longue description

---

1. D. Diderot, *Ruines et paysages. Salon de 1767*, vol. III, Paris, Hermann 1995, « Vernet ».

de la forme *ut natura pictura*, où le tableau est cette fois appréhendé comme s'il s'agissait d'un paysage réel.

Nous examinerons rapidement la posture wildienne, avant de nous pencher en détail sur le texte de Diderot.

Dans un texte célèbre du *Déclin du mensonge*, Oscar Wilde propose une version de forme « *ut pictura natura* » de la transgression paysagère. Afin d'illustrer l'idée selon laquelle « la vie imite l'art bien que plus l'art n'imite la vie », il explique en effet que nous voyons les paysages à travers le modèle des tableaux des peintres qui les ont représentés.

> A qui donc, sinon aux impressionnistes, devons-nous ces admirables brouillards fauves qui se glissent dans nos rues, estompent les becs de gaz, et transforment les maisons en ombres monstrueuses ? A qui, sinon à eux encore et à leur maître [Turner], devons-nous les exquises brumes d'argent qui rêvent sur notre rivière et muent en frêles silhouettes de grâce évanescente ponts incurvés et barques tangentes ? Le changement prodigieux survenu, au cours des dix dernières années, dans le climat de Londres, est entièrement dû à cette école d'art. (…) De nos jours, les gens voient les brouillards, non parce qu'il y a des brouillards, mais parce que peintres et poètes leur ont appris le charme mystérieux de tels effets. Sans doute y eut-il à Londres des brouillards depuis des siècles. C'est infiniment probable. Mais personne ne les voyait, de sorte que nous n'en savions rien. Ils n'eurent pas d'existence tant que l'art ne les eut pas inventés [1].

Tout se passe comme si nous ne voyions pas les paysages réels – de Londres ou, dans la suite du texte,

---

1. O. Wilde, « *Le Déclin du mensonge* », dans *Œuvres*, Paris, Stock, 1977, vol. 1, p. 307-308.

des campagnes françaises – mais, à leur place, les tableaux des peintres qui les ont représentés. La nature imite l'art, les paysages naturels semblent être comme des paysages peints : « *ut pictura natura* ». Wilde adopte un ton de connivence amusée, mêlée de provocation. Il est clair, pour lui comme pour les lecteurs auxquels il s'adresse, que Turner et les impressionnistes n'ont pas inventé les brouillards londoniens ou la lumière des campagnes françaises, mais que c'est par un effet de l'imagination que nous voyons les paysages réels sous les traits des représentations qu'ils ont occasionnées, lesquelles semblent se substituer sous nos yeux à ce qu'elles représentent. Si l'imitation de la vie par l'art relève ici du domaine de la création poétique, l'imitation de l'art par la vie relève quant à elle du domaine de la réception esthétique : ce n'est pas une imitation réelle, mais une imitation imaginaire, qui relève d'une certaine forme d'attitude esthétique.

Wilde propose donc une esthétique paysagère qui répond au modèle de l'« *ut pictura natura* ». Mais le mouvement est réversible et peut aussi avoir lieu dans l'autre sens, « *ut natura pictura* ». C'est le cas dans le passage du *Salon de 1767* de Diderot connu sous le nom de « Promenade Vernet »[1], dont nous proposons à présent un commentaire développé.

Avec ses *Salons*, Diderot apparaît comme l'un des inventeurs de la critique d'art. Il met au point dans ces textes de critique un discours sur la peinture dont le but manifeste est, plutôt que de se livrer à une description objective et académique des tableaux, de rendre les tableaux présents au lecteur de ses textes, de permettre

1. D. Diderot, *Ruines et paysages*, p. 174.

au lecteur de vivre avec lui son expérience de tel ou tel tableau en partageant ses impressions et émotions de manière vivante et actuelle. Le texte dit de la « Promenade Vernet » s'inscrit parfaitement dans cette démarche. Pour parvenir à ses fins, Diderot quitte le registre de la description au profit de celui de l'imagination ou du fantasme : au lieu de décrire des tableaux de paysage, il imagine qu'il se promène dans des « paysages réels »[1] à l'occasion d'un séjour qu'il aurait effectué près de la mer. Il s'agit de tableaux du peintre de paysages Joseph Vernet, que Diderot a pu contempler et apprécier lors du Salon de 1767. Le catalogue du Salon ne donne guère d'indications sur ces tableaux et il est difficile de les identifier d'après le texte, mais l'on peut supposer avec Jacques Chouillet[2] qu'il s'agit de toiles appartenant à la série des *Parties de Jour sur Terre*. Toujours en suivant l'analyse de J. Chouillet, on peut repérer huit sites différents dans le texte de Diderot, qui correspondraient à huit toiles de Vernet :

> un bord de mer surmonté de rochers et de montagnes (I), un lac et une chute d'eau (II), une anse de mer et un château fort (III), une rivière et des pêcheurs (IV), un bord de mer au soleil couchant (V), un phare et une « échappée de mer » (VI), un clair de lune sur la mer (VII), sans parler de la tempête finale.

Ce qui fait donc huit sites, si l'on compte la scène de tempête qui n'est pas numérotée par J. Chouillet. Diderot, au lieu de se lancer dans la description des tableaux,

---

1. L'expression se trouve dans le texte.
2. Voir à ce sujet les analyses de J. Chouillet dans « La promenade Vernet », dans *Recherches sur Diderot et sur l'Encyclopédie*, n°2, 1987, p. 123-163. http://www.persee.fr/doc/rde_0769-0886_1987_num_2_1_899

imagine qu'à l'occasion d'un séjour à la campagne, il part en promenade avec un abbé-précepteur et un groupe d'enfants. Il décrit les différents paysages qui s'offrent à sa perception au cours de cette promenade.

Il s'agit là d'un jeu avec le lecteur, sous la forme d'une semi-mystification : le lecteur n'est pas d'emblée averti du procédé, bien que Diderot le lui laisse deviner petit à petit, avec beaucoup d'humour et de ludisme, jusqu'à l'aveu final. Le procédé de Diderot est avant tout littéraire : c'est pour lui un moyen pour produire un effet sur le lecteur et pour transmettre, d'une manière particulièrement efficace et plaisante, les émotions que lui a procurées l'expérience d'une série de tableaux. On pourrait l'apparenter à une métalepse, moins au sens originaire de la figure de style, qu'au sens du procédé fictionnel dont parle Gérard Genette dans l'ouvrage éponyme[1]. Dans son sens originaire, la métalepse est une figure de style qui suppose de parler d'une entité fictive comme s'il s'agissait d'une entité réelle, comme lorsque l'on dit que Virgile fait mourir Didon. La métalepse en ce sens est un effet littéraire, une façon de parler, elle est donc exclusivement textuelle (ou discursive, si l'on veut ajouter aux textes écrits les discours oraux). La métalepse chez G. Genette suppose un détournement de sens, puisque l'auteur choisit de l'entendre non plus dans son sens originaire de figure de style, mais au sens d'un artifice propre à la fiction. Comme procédé fictionnel, elle peut être mise en œuvre aussi bien dans la littérature qu'au cinéma ou au théâtre et consiste à représenter une fiction dans la fiction ainsi que le passage de l'une à l'autre, comme c'est le cas dans *La*

---

1. G. Genette, *Métalepse*, Paris, Seuil, 2004.

Rose pourpre du Caire de Woody Allen : à un premier
niveau de fiction, un des personnages, une jeune femme,
se rend régulièrement au cinéma voir et revoir un film
qui s'appelle « La Rose pourpre du Caire » ; ce film dans
le film, situé à un second niveau de fiction, met en scène
plusieurs personnages ; or la jeune femme spectatrice et
l'un des personnages du film dans le film s'éprennent
l'un de l'autre ; le personnage du film dans le film sort
de l'écran pour rejoindre la spectatrice avant de retourner
dans son film en l'emmenant avec lui. Passer du film à la
salle et *vice versa* : ce qui, comme l'illustre avec ironie
Les Carabiniers de Jean-Luc Godard, n'est pas possible
dans la vraie vie, est en revanche possible dans la fiction.
La métalepse accomplit le désir d'une communication ou
d'une réciprocité entre fiction et réalité, puisque l'on peut
passer de l'une à l'autre dans les deux sens, mais il est
important de souligner qu'elle l'accomplit, précisément,
sur un mode fictionnel. Si réciprocité il y a entre la
fiction et la réalité, il s'agit seulement d'une réciprocité
fictionnelle et non d'une réciprocité réelle. La métalepse,
donc, n'existe pas dans la vraie vie, mais seulement dans
la fiction.

Le procédé employé par Diderot s'apparente à cette
forme de métalepse fictionnelle décrite par Genette
dans la mesure où il imagine qu'il se promène dans les
tableaux de Vernet comme s'il s'agissait de paysages
réels. La promenade dans le Salon au milieu des tableaux
est remplacée, fictivement, par une promenade réelle
dans des décors naturels. Diderot rentre dans la toile du
tableau, comme la jeune femme de *La Rose pourpre du
Caire* entre dans la toile cinématographique. Il évoque
même la « route » par laquelle il est arrivé devant les
sites qu'il contemple, route qui semble faire la liaison

entre l'espace réel et l'espace du tableau. La métalepse construite par Diderot suppose un jeu sur trois niveaux. Le premier niveau est celui de la mystification proprement dite : Diderot feint tout bonnement de décrire un paysage réel dans lequel il se serait promené.

> J'avais écrit le nom de cet artiste au haut de ma page et j'allais vous entretenir de ses ouvrages lorsque je suis parti pour une campagne voisine de la mer et renommée pour la beauté de ses sites. Là, (…) j'allais, accompagné de l'instituteur des enfants de la maison, de ses deux élèves, de mon bâton et de mes tablettes, visiter les plus beaux sites du monde.

Aucun détail n'est épargné pour faire croire au lecteur qu'il s'agit bien d'une excursion réelle. Diderot mentionne en effet le bâton utilisé pour aider la marche, les fatigues de l'excursion liées aux conditions climatiques et aux déclivités du terrain ; voire les passages un peu périlleux lors des passages montagneux. Il évoque également la pause déjeuner partagée avec l'abbé et les enfants. Mais, très vite, Diderot complique les choses en enchâssant une métalepse dans la métalepse – c'est le second niveau. Non content de parler des tableaux comme s'il s'agissait de paysages réels (premier degré de la métalepse paysagère), il désigne de temps à autres les soi-disant paysages réels qu'il traverse du nom de « tableaux » ou leur applique un vocabulaire ou des analogies picturales (second degré de la métalepse paysagère). Une métalepse de la forme *ut pictura natura* est donc insérée dans la métalepse de forme *ut natura pictura*. Au début, elle prend la forme de remarques discrètes, comme en passant :

C'étaient à droite des montagnes couvertes d'arbres et d'arbustes sauvages. Dans l'ombre, comme disent les voyageurs, dans la demi-teinte, comme disent les artistes.

En suivant la même rive, à gauche, sur une petite plage plus élevée, un groupe d'hommes et de femmes, tel qu'un peintre intelligent l'aurait imaginé.

Si on imagine un plan vertical élevé sur la cime de ces deux chaînes de montagnes et assis sur le milieu de cette fabrique de bois, on aura au-delà de ce plan, vers le fond, toute la partie éclairée de la composition ; en-deçà, vers le devant, toute sa partie obscure et de demi-teinte.

Ces remarques passent d'autant plus inaperçues que le réalisme du décor est affirmé avec vigueur et que, en outre, elles sont mêlées à des rapprochements avec d'autres *media* artistiques chers à Diderot comme le roman ou le théâtre, avec la mention d'une « vue romanesque » ou d'un « coup de théâtre », les nombreuses occurrences du mot « scène », ainsi que la mention de « personnages » et l'évocation d'une intrigue amoureuse imaginaire qui jouent aussi bien sur le registre du théâtre et du roman que sur celui de la représentation picturale.

Mais, plus on avance dans le récit de la promenade, plus la confusion avec la représentation picturale fait l'objet d'une affirmation explicite. Ainsi Diderot commence-t-il par feindre d'assumer pleinement la comparaison des paysages réels avec des œuvres picturales…

Cependant par un tour de tête bizarre, comme j'en ai quelquefois, transformant tout à coup l'œuvre de nature en une production de l'art, je m'écriai, que cela est beau, grand, varié, noble, sage, harmonieux, vigoureusement colorié ! Mille beautés éparses dans l'univers ont été rassemblées dans cette toile, sans confusion, sans effort, et liées par un goût exquis.

…à tel point qu'il finit par imaginer que le pseudo abbé lui fait remarquer cette tendance à substituer la peinture au réel…

> Il me dit d'un ton ironique, "Et Loutherbourg, et Vernet, et Claude Lorrain ?"…

… si bien que les deux interlocuteurs finissent par engager une discussion explicite sur le sujet.

> Jusque-là, le cher abbé avait eu la patience de me laisser dire ; mais à ce mot d'artiste, me tirant par la manche, "Est-ce que vous extravaguez ? me dit-il." Non pas tout à fait … "Que parlez-vous de demi-teinte, de plan, de vigueur de coloris" … Je substitue l'art à la nature pour en bien juger … "Si vous vous exercez souvent à ces substitutions, vous aurez de la peine à trouver de beaux tableaux" … Cela se peut. Mais convenez qu'après cette étude, le petit nombre de ceux que j'admirerai en vaudront la peine … "Il est vrai" …

Diderot revendique et justifie sa tendance à voir les paysages réels comme s'il s'agissait de tableaux – sa tendance donc à artialiser le réel. Le procédé de renversement métaleptique s'apparente à la tactique de la « lettre volée » : la surenchère est tellement énorme qu'on peut encore se prendre au jeu. En même temps, cette partie dialoguée constitue aussi le point de bascule entre mystification maximale et nécessaire démystification. Les réponses de Diderot sont à double entente : on peut supposer qu'il n'« extravague » pas soit parce que substituer la peinture à la nature lui permet de bien juger de cette dernière, comme il dit explicitement ; soit parce que, comme on commence à s'en douter, ce n'est justement pas de nature qu'il parle, mais bel et bien de peinture. Dès lors, il n'est pas possible d'aller plus loin dans la mystification, si bien qu'à l'occurrence suivante de la métalepse, Diderot finit par avouer son procédé, avec un effet de retard volontaire qui feint d'octroyer au lecteur le plaisir d'avoir compris avant qu'on le lui dise qu'il avait fait l'objet d'une mystification. C'est le troisième niveau de la métalepse, celui, donc, de la démystification.

> Ce n'est point un port de mer que l'artiste a voulu peindre. Oui, mon ami, l'*artiste*. Mon secret m'est échappé, et il n'est plus temps de recourir après. Entraîné par le charme du Clair de lune de Vernet, j'ai oublié que je vous avais fait un conte jusqu'à présent ; que je m'étais supposé devant la nature, et l'illusion était bien facile ; et tout à coup je me suis retrouvé de la campagne, au Salon … "Quoi, me direz-vous, l'instituteur, ses deux petits élèves, le déjeuner sur l'herbe, le pâté, sont imaginés" … *È vero* … "Ces différents sites sont des tableaux de Vernet ?" … *Tu l'hai detto* … "Et c'est pour rompre l'ennui et la monotonie des descriptions que vous en avez fait des paysages réels et que vous avez encadré ces paysages dans des entretiens" … *A maraviglia. Bravo. Ben sentito* [1].

Le moment de démystification est souligné par l'adresse directe au lecteur, en italien, à la seconde personne du singulier. L'explication est laissée au lecteur, face à la perspicacité duquel Diderot se contente d'opiner, non sans une certaine ironie. L'effet de distanciation introduit une rupture dans la continuité du récit qui est comme une invitation à passer d'un monde à l'autre (« de la campagne, au Salon »), à sortir d'un monde (celui du paysage réel) pour entrer dans un autre (celui de la

---

1. Traduction des trois répliques en italien : « C'est vrai » – « Tu l'as dit » – « À merveille. C'est bien. Tu as tout compris. »

représentation), ce qui permet à Diderot d'enchaîner avec la description des tableaux eux-mêmes.

Cette forme de transgression fictive et ludique entre le monde réel et le monde représenté, que l'on peut caractériser comme une « métalepse » paysagère, représente principalement pour Diderot un procédé littéraire. Elle lui permet de s'adresser au lecteur d'une manière propice à transmettre ses impressions de critique d'art. Mais elle possède également un sens philosophique du point de vue de la compréhension de ce qu'est un paysage et des formes prises par la culture paysagère occidentale. Ce qui frappe avant tout dans le texte de Diderot, c'est l'attention extraordinaire qui est apportée à la réalité des paysages et à ce qui constitue le caractère propre d'un paysage réel et de son expérience par rapport à un paysage représenté. Du point de vue de l'expérience des paysages, Diderot souligne en effet aussi bien la polysensorialité d'un paysage réel (qui contraste avec la pure visibilité du tableau) que les possibilités de déplacement en son sein. Du point de vue du paysage lui-même, Diderot met en évidence une grande variété de détails topographiques, la façon dont le paysage change d'aspect avec les heures qui passent et le fait qu'un paysage est habité par toute une série d'êtres vivants (humains et animaux).

Le paysage, s'il est évoqué dans les passages de métalepse dans la métalepse, selon une terminologie picturale (avec la mention des plans, des teintes, de la composition, des coloris, etc.), est décrit dans les moments de métalepse simple avec une certaine précision topographique. Diderot traverse différents paysages qu'il qualifie de montagneux et qui sont caractérisés par leur déclivité et leur immensité, la présence d'arbres et arbustes ainsi que de torrents, cascades et plans d'eau, avant d'atteindre des paysages de bord de mer. La promenade s'étendant sur une journée entière, il évoque les changements d'aspect produits par le passage des heures, du matin jusqu'à la nuit avec le soleil puis la lune, et du temps ensoleillé et chaud à la tempête en passant par un ciel couvert de nuages. À ces éléments naturels s'ajoutent la mention d'éléments humains : chemins, routes, constructions en bois. Enfin, les paysages ne sont pas déserts, mais occupés par différents êtres vivants – humains et animaux – qui ne semblent pas concernés par l'appréciation esthétique des lieux mais uniquement par la poursuite de leurs activités (déplacement, repos, réunion, indication du chemin). Le paysage n'est donc pas un simple décor mais un espace traversé, vécu et habité.

Plus que cette profusion de détails concrets, c'est surtout l'évocation des effets du paysage sur la perception sensible et le corps du spectateur qui traduisent l'impression de réalité du paysage. Loin de s'en tenir à la pure visibilité du tableau, Diderot mentionne en effet la variété des sensations à travers lesquelles le paysage est appréhendé. Il y a bien sûr des éléments visibles, liés aux variations lumineuses selon les heures et la météo (« l'endroit qu'il fallait voir le matin, celui qui recevait son intérêt et ses charmes ou du soleil levant ou du soleil couchant », « la nature prenait un aspect grave dans les lieux privés de lumière, tendre dans les plaines éclairées »), mais aussi des éléments auditifs (le bruit du torrent, le bruit de la chute d'eau), ou encore tactiles, relatifs à la température (l'ardeur du soleil, la fraîcheur de l'ombre) ou au contact des végétaux sur la peau (« une route longue et pénible à travers des ronces, des épines, des plantes et des arbustes touffus »). Enfin, et surtout, l'expérience du paysage est conçue au gré d'un déplacement, qui suppose un effort physique de la part des promeneurs (« Ensuite nous nous mîmes à grimper par ce chemin difficile. ») comme de la part des animaux qu'ils croisent (« Il descendait, et ses animaux se piétaient, de crainte que la voiture ne s'accélérât sur eux. ») et parfois la prise de risque comme lors de l'ascension à travers un passage escarpé.

> Me voilà sur la cime d'une chaîne de montagnes parallèles aux premières. Si j'ai le courage de descendre celles-là, elles me conduiront au côté gauche de la scène dont j'aurai fait le tour. Il est vrai que j'ai peu d'espace à traverser pour éviter l'ardeur du soleil et voyager dans l'ombre ; car la lumière vient d'au-delà de la chaîne de montagnes dont j'occupe le sommet et qui forment avec celles que j'ai quittées un amphithéâtre en entonnoir dont le bord le plus éloigné, rompu, brisé est remplacé par la fabrique de bois qui unit les cimes des deux chaînes de montagnes. Je vais. Je descends ; et après une route longue et pénible à travers des ronces, des épines, des plantes et des arbustes touffus, me voilà au côté gauche de la scène.

Le déplacement invite à prendre en compte cette troisième dimension qui manque précisément au tableau, la profondeur de l'espace :

> Devant moi comme du sommet d'un précipice, j'apercevais les deux côtés, le milieu, toute la scène imposante que je n'avais qu'entrevue du bas des montagnes. J'avais à dos une campagne immense qui ne m'avait été annoncée que par l'habitude d'apprécier les distances entre des objets interposés. Ces arches que j'avais en face, il n'y a qu'un moment, je les avais sous mes pieds.

Ce qui est important dans l'expérience du paysage réel, par opposition au paysage représenté, c'est que son aspect change au gré du déplacement. Un relief n'a pas le même aspect selon qu'on se trouve en haut ou en bas, et parvenir au sommet d'une montagne nous dévoile des vues nouvelles qui étaient jusqu'alors cachées. En outre, le déplacement permet de prendre conscience de manière très concrète des distances et de la vastitude de l'espace.

Aucune des caractéristiques qui fondent la différence entre un paysage réel et un paysage représenté ne sont oubliées par Diderot, qui se livre ici à un exercice d'imagination particulièrement riche pour substituer la réalité à la peinture. L'évocation de tous ces aspects du paysage et de toutes les sensations et activités qu'en sollicite l'expérience servent à leur tour de support pour l'expression des émotions esthétiques du promeneur. Ces émotions, aussi personnelles soient-elles, s'inscrivent dans un contexte culturel qui est celui de l'esthétique dix-huitiémiste. A ce titre, elles empruntent à deux catégories caractéristiques de cette esthétique, le sublime et le pittoresque.

Le sublime est une ancienne catégorie esthétique qui remonte à l'antique traité *Du Sublime* du Pseudo-Longin. Mais, comme le montre Baldine Saint Girons[1], cette catégorie est réélaborée et remise au goût du jour au XVIIIᵉ siècle, avec le passage d'un sublime des mots (en rhétorique et dans la poésie) à un sublime des choses, aussi bien naturelles qu'artistiques. Cette évolution de sens est préparée par toute une série d'auteurs dès la fin du XVIIᵉ siècle et les débuts du XVIIIᵉ siècle, comme

---

1. B Saint Girons, *Le sublime de l'Antiquité à nos jours, op. cit.* et *Fiat Lux, une philosophie du sublime, op. cit.*

Thomas Burnet, John Dennis, John Baillie, Shaftesbury et surtout Addison, qui distingue la « grandeur » de la « nouveauté » et de la « beauté » comme sources principales du plaisir esthétique[1]. Mais c'est Edmund Burke qui, dans sa *Recherche philosophique sur l'origine de nos idées du sublime et du beau*[2], pose de manière systématique la distinction entre le beau et le sublime, aussi bien dans l'art que dans la nature, avant qu'Emmanuel Kant n'approfondisse leur distinction et la question du passage de l'un à l'autre, dans les *Observations sur le sentiment du beau et du sublime*[3] et dans la *Critique de la faculté de juger*[4]. En matière d'espaces naturels, le sublime renvoie à l'idée d'un paysage qui, par sa vastitude, son élévation ou sa violence, excède ou porte à leur limite les capacités humaines de perception. Cette catégorie est particulièrement apte à rendre compte de la démesure des nouveaux paysages marins ou montagneux qui s'imposent dans le goût du XVIIIe siècle. Diderot est contemporain de ces évolutions dans l'esthétique et du renouvellement de la catégorie du sublime. Le texte de la « Promenade Vernet » témoigne en particulier d'une grande familiarité – qu'elle soit directe ou indirecte

1. J. Addison, « The Pleasures of the imagination », in *Spectator*, n°411-421 [1712], Oxford, Clarendon Press, 1965.

2. E. Burke, *Recherche philosophique sur l'origine de nos idées du sublime et du beau* [*A philosophical inquiry into the origin of our ideas of the sublime and beautiful*, 1756 ; (première traduction française en 1765)], trad. et présentation B. Saint Girons, Paris, Vrin, 1990 ; réédition en poche, Paris, Vrin, 1998.

3. E. Kant, *Observations sur le sentiment du beau et du sublime* [*Beobachtungen über das Gefühl des Schönen und Erhabenen*, 1764], trad. fr. R. Kempf, Paris, Vrin, 1990.

4. E. Kant, *Critique de la faculté de juger* [*Kritik der Urteilskraft*, 1790], trad. A. Renaut, GF-Flammarion, 2000.

– avec les thèses de Burke, dont le traité est paru en langue originale en 1757 et en traduction française en 1765, soit deux ans avant la rédaction du *Salon de 1767*. On retrouve mentionnées dans le texte de Diderot presque toutes les causes du sublime mises au jour par Burke dans son traité : l'immensité, le danger, l'intensité lumineuse ou au contraire l'obscurité, la privation (obscurité, solitude, silence). On le constate en particulier dans ce passage :

> J'étais immobile ; mes regards erraient sans s'arrêter sur aucun objet ; mes bras tombaient à mes côtés. J'avais la bouche entrouverte. Mon conducteur respectait mon admiration et mon silence. Il était si heureux, aussi vain que s'il eût été le propriétaire ou même le créateur de ces merveilles. Je ne vous dirai point quelle fut la durée de mon enchantement. L'immobilité de ces êtres, la solitude du lieu, son silence profond suspend le temps. Il n'y en a plus. Rien ne le mesure. L'homme devient comme éternel.

Et ces différentes causes produisent chez le promeneur cette émotion duelle, caractéristique du sublime, à la fois positive et négative :

> Je ne pouvais m'arracher à ce spectacle mêlé de plaisir et d'effroi.

A la différence du beau, émotion simple, le sublime procure une émotion complexe, à la fois négative et positive, faite de douleur et de plaisir. Plus adaptée encore que le beau aux dimensions de l'espace d'un paysage réel, il est peu étonnant que Diderot y ait recours régulièrement dans son texte.

Mais il est une autre catégorie esthétique, emblématique du XVIIIe siècle, qui infuse le texte de manière encore plus prégnante : la catégorie du pittoresque. À la différence du sublime, catégorie esthétique exhumée des textes antiques et renouvelée au XVIIIe siècle, l'idée de pittoresque est inventée de toutes pièces au XVIIIe siècle. Elle est d'abord mise au point en Angleterre sous le nom de « *picturesque* », puis se propage dans toute l'Europe et reste en vogue jusque dans les premières décennies du XIXe siècle. Le mot anglais « *picturesque* » est formé sur l'adjectif italien « *pittoresco* », qui est employé dès le XVIe siècle pour qualifier la manière nouvelle dont les peintres, à partir de Giorgione et Titien, représentent la nature, à savoir telle qu'ils la voient et non plus telle qu'ils savent qu'elle est, par exemple en peignant les montagnes lointaines comme des masses bleues et non comme des cubes jaunes et marron avec des portions de végétation où chaque brin d'herbe est précisément dessiné. À partir de cette référence picturale, les Anglais du XVIIIe siècle élaborent une notion floue et controversée de pittoresque, qui revêt des significations différentes selon les auteurs et dont le sens semble déborder en partie l'origine étymologique. Ainsi William Gilpin, dans son essai « Sur le beau pittoresque »[1], définit-il le pittoresque comme une « qualité propre à fournir un sujet avantageux à la peinture », en raison de son aspect rude, varié, irrégulier et contrasté, par opposition au beau qui est lisse, uni, régulier et net. Uvedale Price en revanche, dans son *Essay on the Picturesque*[2], interprète le pittoresque bien au-delà de la référence picturale : c'est pour lui un aspect varié, irrégulier et dissymétrique que l'on peut trouver dans divers objets, depuis les tableaux ou les paysages

---

1. W. Gilpin, *Trois essais : sur le beau pittoresque ; sur les voyages pittoresques ; et sur l'art d'esquisser les paysages*, op. cit..
2. U. Price, *Essay on the Picturesque, as compared with the sublime and the beautiful*, op. cit.

naturels jusqu'aux œuvres musicales. Cela étant, le
pittoresque ne désigne pas seulement une propriété
intrinsèque de l'objet, mais aussi une façon qu'a le sujet
de se rapporter à un objet. Il peut à ce titre qualifier un
regard porté sur la nature, un voyage visant à admirer
des décors naturels ou encore un guide indiquant les sites
admirables et la manière de les admirer – on parle ainsi
d'œil pittoresque, de voyage ou itinéraire pittoresque,
de guide pittoresque. L'interprétation de cette attitude
est, là encore, sujette à flottement. Dans l'ensemble,
il s'agit d'une attitude esthétique qui consiste à établir
une relation entre peinture et nature et tout l'enjeu est
de déterminer en quoi consiste cette relation. Ainsi, pour
Richard Payne-Knight[1], c'est une façon de voir l'objet
à la manière des peintres, en se concentrant sur des
qualités abstraites comme la lumière et la couleur. Le
pittoresque est à cet égard une forme possible de ce qu'il
nomme « *artificially improved perception* »[2], à savoir
une opération subjective de l'imagination consistant
à enrichir la perception par des associations d'idées,
en l'occurrence des modèles picturaux. Le pittoresque
selon Payne-Knight relève donc de la forme « *ut pictura
natura* » que l'on a identifiée plus haut et semble le
véritable ancêtre du concept d'artialisation mis au point
par A. Roger. Si, pour Payne-Knight, le pittoresque
n'est qu'une curiosité esthétique parmi d'autres, il est
en revanche un objet de passion frénétique pour Gilpin,
auteur de plusieurs essais théoriques et guides touristiques
consacrés à ce sujet. Pour Gilpin, l'attitude pittoresque
suppose une relation entre peinture et nature bien plus

1. R. Payne-Knight, *An Analytical Inquiry into the Principles of
Taste*, *op. cit.*
2. « perception artificiellement améliorée ».

ambiguë et moins unilatérale que chez Payne-Knight. Certes, il définit le pittoresque comme une qualité d'un objet (naturel ou artificiel) qui ferait bon effet dans une peinture. Par conséquent, l'attitude pittoresque consiste à rechercher de tels effets dans la nature. Gilpin invite l'amateur de pittoresque à être attentif à l'étagement des différents plans, aux couleurs, aux jeux de lumière et aux encadrements naturels, de manière à retrouver dans la nature des effets similaires à ceux qui sont montrés dans les tableaux du Lorrain ou de Salvator Rosa. Il l'incite également à faire des esquisses des paysages qu'il rencontre et à ne pas hésiter à supprimer ou à déplacer certains éléments si cela est susceptible de produire un meilleur effet, picturalement parlant. Pourtant, cette fascination pour le modèle pictural n'empêche pas Gilpin d'avoir les yeux ouverts sur les paysages mêmes. Au contraire, les références picturales et les esquisses prises sur le vif semblent la condition d'une éducation du regard et du développement d'une plus grande attention au réel. Le pittoresque apparaît dans ses textes comme une incitation à aller à la rencontre des paysages et à la découverte de lieux inconnus. Parmi les plaisirs procurés par le voyage pittoresque, Gilpin cite ainsi l'amusement propre à la poursuite même de l'objet, l'espoir de voir toujours surgir de nouveaux sites pittoresques. Et pour illustrer cette idée il compare l'homme de goût qui poursuit les beautés de la nature au chasseur qui poursuit les animaux. Il explique plus loin que les sites naturels procurent, sauf rares exceptions, un plaisir spirituel plus grand que les représentations artistiques. L'attitude pittoresque ainsi conçue ne suppose donc pas de supériorité de la peinture sur la nature, bien au contraire. Et les modèles picturaux sont bien plutôt des instruments

A ce titre, la « promenade Vernet » et le procédé métaleptique sur lequel elle repose relèvent pleinement du genre pittoresque : le texte ne cesse d'osciller entre d'un côté le paysage réel, d'un autre côté la représentation picturale mais aussi d'autres formes de représentations artistiques comme le roman et le théâtre. Loin de réduire le paysage à l'art du paysage selon une optique artialisante, Diderot propose ainsi une esthétique pittoresque du paysage, conçue dans la tradition gilpinienne d'un va-et-vient constant entre le réel et la représentation.

TEXTE 2

Rosario Assunto
Il paesaggio e l'estetica[1]

Chapitre 1. Métaspatialité du paysage

1. Le concept de paysage. (…) Notre problème, ici, n'est pas lexicographique, mais bel et bien philosophique : le problème est de définir l'essence du paysage, sa signification et sa valeur pour l'homme ; et le moment lexicologique ne peut qu'être, je ne dirai pas un commencement, mais un préliminaire à notre recherche : un préliminaire utile, peut-être précieux, en ce qu'il nous a permis de passer à notre domaine propre d'enquête – non plus terminologique mais conceptuel –, ayant à tout le moins établi que le paysage est, comme en conviennent d'ordinaire les dictionnaires, un territoire plus ou moins grand, tel qu'il apparaît à la vue, susceptible de constituer l'objet d'une représentation picturale. Il s'agit cependant pour nous de prendre conscience du paysage *avant* la

---

1. R. Assunto, *Il paesaggio e l'estetica*, Palermo, Novecento, 2005, chapitre 1. L'ouvrage n'est pas traduit en français dans sa totalité, mais on peut en trouver des extraits en français dans le recueil réalisé par H. Brunon : R. Assunto (ed.), *Retour au jardin. Essais pour une philosophie de la nature, 1976-1987*, textes réunis, traduits de l'italien et présentés par H. Brunon, « Jardins et Paysages », Paris-Besançon, Les Éditions de l'Imprimeur, 2003.

peinture (ou après la peinture), ou plutôt *indépendamment*
de la peinture. Le paysage *en soi, et non la simple image
du paysage*, selon une heureuse précision de Kerényi.

Disons le paysage comme réalité que l'homme
habite et qu'il peut, ce faisant, expérimenter directement,
produire, modifier (d'après l'anglais *landscaping*) en
mieux ou en pire, ou encore détruire en la supprimant de
son propre horizon. Dès lors, les définitions de dictionnaire
ne suffisent plus et l'interrogation engage, comme nous
l'avons dit, l'essence même du paysage. Elle a besoin,
pour ainsi dire, d'aller au cœur des choses. Nous devons
alors nous demander de nouveau, cette fois pour chercher
non une définition mais une idée conceptuellement
déterminable : *qu'est-ce que le paysage ?*

2. LE PAYSAGE COMME ESPACE. A la question *qu'est-ce
que le paysage ?*, une première réponse, qui ne laisse pas
d'être convaincante, est celle qui reconduit le concept de
paysage à celui d'*espace*. Cette réponse est sans doute
conforme au vrai, dans la mesure où le paysage, tout
paysage – réel ou imaginaire, spontané ou artificiel – est
toujours un espace. Il est un espace (ou la représentation
d'un espace) plutôt qu'il n'*occupe* un espace (ou représente quelque chose qui se tient dans l'espace) : cette
précision, suggérée par la définition du paysage comme
espace, est fondamentale, de notre point de vue, parce
qu'elle nous autorise, ou plutôt nous oblige, à prendre
acte d'une caractéristique décisive du concept de paysage
que nous cherchons à déterminer. Quand nous disons
que le paysage est un espace (ou la représentation d'un
espace) et non un objet dans l'espace (ou la représentation
d'objets dans l'espace), nous voulons dire par là que le
paysage est l'espace lui-même qui se constitue en objet

d'expérience et en sujet de jugement – en l'occurrence, dès lors que le discours sur le paysage veut être, et est, un discours d'esthétique, le paysage est l'espace qui se constitue en objet d'expérience esthétique, en sujet de jugement esthétique. Telle est la vérité primordiale du concept de paysage comme espace, la condition posée par ce concept à tout discours produit autour du paysage. *Le paysage est espace, la représentation d'un paysage est représentation d'espace.* Mais notre problème, répétons-le, est le paysage *réel*, non son image : à l'image du paysage nous reviendrons en temps voulu, quand nous pourrons et devrons l'étudier comme interprétation du paysage réel, par laquelle s'en trouve mis en évidence un sens, une valeur, autrement inconnus.

Le paysage est donc espace. Voilà le point de départ de notre recherche d'un concept correspondant à l'idée de paysage que nous portons tous en nous. Reste à voir s'il peut aussi être un point d'arrivée. (…)

3. LA FINITUDE OUVERTE. Nous nous demandons donc, maintenant qu'il est établi que *le paysage est espace*, si cette définition dit bien tout sur le paysage, sans rien laisser de côté, et si elle dit également tout sur l'espace, quand nous la renversons : *l'espace est paysage*. Cette possibilité d'inverser le rapport entre les deux termes, et de mettre le prédicat à la place du sujet, est en effet la condition nécessaire d'un jugement d'identité réciproque, comme celui dans lequel on affirme de deux concepts que l'un coïncide parfaitement avec l'autre. Mais que l'espace, y compris en tant qu'il se constitue comme objet de l'expérience esthétique et se propose lui-même comme sujet de jugement esthétique, puisse toujours être défini comme paysage, voilà une chose dont

l'absurdité est trop évidente étant donné l'ampleur du concept d'espace, qui inclut en lui le *paysage* mais n'est pas entièrement recouvert par lui. (…) Qui, sinon par métaphore, appellerait *paysage* une place ?

Un salon, ou un autre *intérieur*, ne peuvent du reste même métaphoriquement être dits des paysages : pourtant personne ne niera qu'ils sont des espaces, et des espaces qui en tant que tels se prêtent à une expérience esthétique et peuvent être appréciés dans un jugement esthétique pour leur spatialité même.

Regardons la voûte céleste, « *Der bestirnte Himmel* », qui avait le pouvoir de remplir d'admiration et d'une vénération toujours neuve et grandissante l'âme d'un philosophe tenu pour réfractaire aux émotions, comme Emmanuel Kant ; et qui fut l'objet des interrogations du berger de Leopardi : « Que fait l'air infini, l'infini ciel profond ? Que veut dire cette solitude immense ? … ».

(…) Tout espace n'est pas paysage ; et le paysage est espace, mais n'est pas *seulement* espace, parce que le concept de paysage comporte des caractéristiques qui ne sont pas propres au concept d'espace en tant que tel. Et nous devons à présent voir quelles sont ces caractéristiques du concept de paysage qui nous aident à comprendre en quoi le paysage est plus qu'un simple espace.

Pour se rendre compte des caractéristiques qui correspondent, dans le concept de paysage, au fait que le paysage est espace alors même que tout espace n'est pas paysage, nous pouvons partir de ce que nous avons à l'instant éliminé : l'espace *fermé* – ainsi, *un intérieur est espace*, y compris esthétiquement, mais *n'est pas paysage* – et l'espace *illimité* qu'est le ciel à nos yeux, à quelque heure du jour et de la nuit et en quelque saison ou circonstance météorologique que ce soit : le ciel qui n'est pas paysage, mais qui définit, par sa présence, le paysage en tant qu'espace *ouvert* – qui, pour ainsi dire, *ouvre* le *paysage* –, tout autant que le sol, quelle que soit sa configuration topographique et qu'il soit ou non peuplé de constructions humaines, occupé par de la végétation ou habité par des animaux, détermine le paysage, et même l'institue en tant qu'espace *limité*, au même titre que les espaces fermés, mais non fini comme les espaces fermés : ceux-là peuvent seulement représenter l'infini de manière symbolique dans leur forme spatiale, justement (dans Sainte Sophie ; dans les cathédrales gothiques ; dans les églises à plan central comme le Temple Sainte Marie de la Consolation de Todi) ou bien de manière illusionniste, dans les voûtes à fresques des églises et des salons baroques et dans les cabinets à miroirs rococo, dont l'exemple le plus parfait, en tant que représentation illusionniste de l'infini dans un espace clos, comme tel fini, est peut-être le salon central, à plan ovale, de l'Amalienburg près de Munich en Bavière. Le paysage est un espace limité, mais ouvert, parce que, à la différence des espaces clos, il a le ciel au-dessus de lui, c'est-à-dire l'espace illimité ; et il ne représente pas l'infini (de manière symbolique ou illusionniste), mais il s'ouvre à l'infini, jusque dans la finitude de son être limité : il se constitue ainsi comme présence, et non représentation, de l'infini dans le fini. Et la limitation du paysage en tant qu'espace, c'est l'infini qui s'autolimite, et c'est en même temps la finitude qui éclot, comme le bouton qui devient fleur : l'éclosion même du fini, qui tout en restant tel, élimine l'une de ses limites et s'ouvre

LA MÉTASPATIALITÉ DU PAYSAGE

Définir un concept de paysage réel qui ne soit ni dépendant d'un modèle artistique ou pictural, ni redondant par rapport aux concepts d'environnement, de territoire ou de pays : tâche délicate, qui semble avoir peu retenu l'attention des philosophes, lesquels ont soit favorisé une conception iconiste (Anne Cauquelin, Alain Roger par exemple), soit opté résolument pour le concept d'environnement ou pour un concept de paysage largement synonyme d'environnement (c'est le cas de la plupart des représentants de l'esthétique environnementale anglo-américaine). Remarquons cependant que ce problème de définition d'un concept de paysage réel ne se pose guère que dans le monde des philosophes et des esthètes. Dans d'autres domaines de la pensée et de l'action paysagère, le concept de paysage est utilisé sans le moindre problème dans le sens de paysage réel : chez les géographes, les paysagistes, les urbanistes, les architectes, les politiques, les juristes et les représentants des institutions. Car pour tous ces usagers du concept de paysage, le paysage est une chose et se prête d'abord et avant tout à une pratique extrêmement concrète de façonnement, de transformation, d'utilisation et d'habitation : l'usage, la pratique ne laissant aucune place pour des doutes sur la réalité de la chose travaillée.

On peut donc voir ici un nouvel exemple de ce fameux retard philosophique dont parle Hegel : nous viendrions nous interroger après coup, en retard, sur le sens d'un concept dont l'usage est entériné depuis bien longtemps dans d'autres domaines que celui de la philosophie. Quoi qu'il en soit, le concept de paysage, s'il n'est pas problématique chez nombre des praticiens et théoriciens du paysage, reste, semble-t-il, un problème pour les philosophes, lesquels peinent donc souvent à l'entendre dans un sens qui soit autonome à la fois par rapport aux représentations artistiques et par rapport à d'autres entités proches comme les environnements ou les territoires.

Dans le champ de la philosophie du paysage contemporaine, une voix différente se fait néanmoins entendre, celle du philosophe italien Rosario Assunto (1915-1994), spécialiste de l'esthétique du paysage et du jardin. Assunto revendique un usage résolument réaliste du concept de paysage. Son approche est double. Il s'agit d'une part pour lui de promouvoir une critique du paysage ou des paysages, complément indispensable à la critique littéraire et à la critique d'art et indépendante par rapport à ces dernières [1] ; d'autre part de proposer une approche ontologique et métaphysique du concept de paysage, tâche à laquelle il consacre un livre-somme, *Il paesaggio e l'estetica* [2]. Les deux entreprises sont profondément

1. Voir R. Assunto, « Introduzione alla critica del paesaggio », in *De Homine*, n° 5-6, 1963, p. 252-278. Et la présentation qu'en propose Hervé Brunon dans « Pour une archéologie de la critique de paysage », *Projets de paysage : revue scientifique sur la conception et l'aménagement de l'espace*, Ecole nationale supérieure du paysage de Versailles, 2008 (en ligne : http://projetsdepaysage.fr/fr/pour_une_archeologie_de_la_critique_de_paysage).

2. R. Assunto, *Il paesaggio e l'estetica, op. cit.* L'ouvrage n'est pas traduit en français dans sa totalité, mais on peut en trouver des extraits

liées : développer une critique des paysages que nous rencontrons et expérimentons dans le monde physique réel suppose de pouvoir s'appuyer sur la conviction, philosophiquement étayée, que le concept de paysage réel correspond bien à quelque chose, constitue une entité ontologique à part entière. L'enquête ontologique effectuée par Assunto dans son livre constitue donc le soubassement indispensable à la mise en œuvre d'une critique des paysages.

« Qu'est-ce que le paysage ? » : telle est la question explicitement posée par Rosario Assunto au début de *Il paesaggio e l'estetica*. Ce qu'il vise par là, c'est une définition du concept de paysage entendu au sens de paysage réel, indépendamment de toute forme de représentation : « le paysage *en soi, et non la simple image du paysage* », le paysage *réel* « *indépendamment* de la peinture ». Il fait ainsi entendre une voix finalement assez rare dans le champ de la philosophie occidentale du paysage, laquelle a souvent tendance à concevoir le paysage réel en référence à un modèle pictural ou plus généralement iconiste.

Précisons toutefois qu'il ne s'agit pas du tout pour Assunto d'exclure complètement le paysage représenté du champ de son investigation, mais de se concentrer dans un premier temps sur le paysage réel, pour revenir dans un second temps au paysage représenté, au sens où ce dernier constitue une « interprétation du paysage réel, par laquelle s'en trouve mis en évidence un sens, une

en français dans le recueil réalisé par H. Brunon : R. Assunto (ed.), *Retour au jardin. Essais pour une philosophie de la nature, 1976-1987*, textes réunis, traduits de l'italien et présentés par H. Brunon, « Jardins et Paysages », Paris-Besançon, Les Éditions de l'Imprimeur, 2003.

valeur, autrement inconnus ». On voit bien la différence qui existe pour Assunto entre ces deux niveaux. Il y a d'une part le niveau de la factualité paysagère et de son appréhension sensible : c'est « le paysage comme réalité que l'homme habite et qu'il peut, ce faisant, expérimenter directement, produire, modifier (d'après l'anglais *landscaping*) en mieux ou en pire, ou encore détruire en la supprimant de son propre horizon ». Ici le paysage est conçu de manière extrêmement factuelle et concrète sous la triple perspective écologique (le paysage comme environnement vital et vécu), esthétique (comme objet d'une expérience sensible) et pratico-technique (comme objet de fabrication humaine, susceptible à ce titre d'être non seulement produit mais également modifié et détruit). Sans le dire, Assunto adopte donc ici un usage du mot « paysage » qui n'est pas du tout celui, quelque peu désuet, des philosophes et des esthètes, mais celui des géographes, des paysagistes, des politiques. A cette dimension réelle, factuelle et concrète du paysage s'ajoute un second niveau, celui de l'interprétation du paysage, de sa réappropriation culturelle ou spirituelle *via* le medium artistique (qu'il s'agisse, d'ailleurs, d'une représentation visuelle, de type pictural ou photographique, ou d'une représentation littéraire, de type description), voire, pourrait-on ajouter, via des formes plus intellectuelles et théoriques d'interprétation (comme l'étude géographique ou philosophique, mais Assunto ne dit rien là-dessus). Nous avons besoin des images et des textes pour nous approprier le monde des faits et exprimer le sens et la valeur qu'ils possèdent pour nous. C'est là le rôle des représentations de paysage, auquel Assunto compte donc revenir dans un second temps, après avoir d'abord défini ce qu'est un paysage

« en soi » – c'est-à-dire non pas au sens de la chose en
soi kantienne mais au sens du fait expérimenté dans le
monde sensible. Cette connaissance des représentations
artistiques et des évocations littéraires du paysage
sera d'ailleurs un instrument indispensable, mais un
instrument parmi d'autres (le travail des géographes, des
urbanistes par exemple), de la critique des paysages que
promeut Assunto.

La définition que propose Assunto est esthétique,
au sens originel de ce terme, en ce qu'il dégage des
propriétés sensibles spécifiques au paysage, qui le
distinguent d'autres types d'environnements. Le paysage
se déploie dans une spatialité qualitativement différente
de la spatialité ordinaire des environnements et il sollicite
par conséquent notre sensibilité d'une manière spécifique.
Pour désigner cette différence qualitative propre à la
spatialité paysagère, par opposition à d'autres formes de
spatialités, Assunto forge le terme de « metaspazialità »
(« métaspatialité ») : cette façon dont l'espace ou, plutôt,
certains espaces s'offrent à notre expérience esthétique
en tant que paysages. L'enjeu est donc de déterminer de
quelle métaspatialité, de quel type de spatialité relève un
paysage. Le terme de « métaspatialité », qui donne son
titre au premier chapitre du livre d'Assunto, n'est pas
justifié explicitement. Il permet à Assunto d'exprimer
à la fois l'appartenance du paysage à la spatialité – le
paysage est espace, l'essence du paysage est spatiale
– et sa façon d'être aussi quelque chose de plus que
l'espace. Le paysage, c'est de l'espace, mais ce n'est
pas juste de l'espace, c'est un espace particulier. Il n'y
a pas identité entre le paysage et la spatialité. C'est tout
l'enjeu du premier chapitre de *Il paesaggio e l'estetica*
de montrer en quoi consiste ce « quelque chose en plus »

qui définit le paysage par rapport au simple espace. Le terme « métaspatialité », par sa proximité avec le terme « métaphysique », fait également écho à l'approche d'Assunto : il s'agit d'une métaphysique du paysage, qui cherche à s'interroger sur l'essence du paysage et ses conditions de possibilité – nous développerons ce point dans les pages suivantes.

L'enjeu de cette définition du paysage n'est pas d'ordre « lexicographique » ou « terminologique », mais d'ordre « philosophique » ou « conceptuel ». Il ne s'agit pas de définir un mot, en se tournant vers les dictionnaires, mais de définir une idée. Autrement dit, de s'interroger véritablement sur une essence, et pas seulement sur un usage ou sur une étymologie. D'emblée, Assunto se démarque de l'approche habituelle, dans la mesure où la plupart des philosophes et essayistes occidentaux qui se penchent sur le paysage commencent par une enquête lexicographique. Qu'est-ce qu'une définition du paysage telle qu'on peut en trouver dans un dictionnaire et pourquoi celle-ci ne convient-elle pas ? C'est une définition qui dérive généralement le « paysage » du « pays » et fait du paysage « un territoire plus ou moins grand, tel qu'il apparaît à la vue, susceptible de constituer l'objet d'une représentation picturale ». L'approche « lexicographique » est insuffisante et insatisfaisante car elle associe le paysage à la peinture en le dérivant du territoire, du pays : le paysage serait le pays en tant que celui-ci est susceptible de représentation picturale. Ce qui invite invariablement à poser l'antériorité du paysage pictural sur le paysage réel – expérimenté et vécu. Or de cette façon, on commet à la fois une confusion – entre le niveau de la chose et le niveau de la représentation – et une omission – en n'en disant pas assez sur ce qu'est un paysage, qu'il s'agisse d'ailleurs d'un paysage peint ou d'un paysage représenté. L'approche lexicographique n'en dit pas assez, car elle ne dit pas, justement, de quelle spatialité relève un paysage (ou la représentation d'un paysage). La définition classique proposée par les dictionnaires ne dit rien sur ce qu'est un paysage, elle réduit le paysage à un caractère esthétique voisin de la notion de pittoresque : le paysage, c'est en ce sens ce qui serait apte à faire l'objet d'une représentation picturale. Et par là une telle définition est circulaire, elle présuppose ce qu'elle veut démontrer : le paysage vient de la peinture donc il est pictural.

Selon Assunto, il convient plutôt de privilégier une approche « conceptuelle ». Cette définition consiste essentiellement à définir le paysage comme espace – et, par là même, à définir la représentation paysagère comme espace représenté. Le champ de l'expérience esthétique se partage, pourrait-on dire, entre l'expérience des objets dans l'espace (chaise, statue, vase, fleur, arbre, oiseau, vêtement, personne… autant d'objets, aussi bien artistiques que naturels ou ordinaires, de l'expérience esthétique) et l'expérience des espaces eux-mêmes (jardins, paysages, environnements naturels, villes, archi-tectures, intérieurs, sites industriels…) – pour ne rien dire bien sûr des expériences esthétiques qui ne sont pas, ou pas essentiellement, spatiales (comme la musique). Dès lors, il s'agit de déterminer ce qui, dans la spatialité, dans tel ou tel espace, le caractérise comme paysage pour notre expérience esthétique. À quelles conditions peut-on dire avec Assunto que « le paysage est l'espace lui-même qui se constitue en objet d'expérience et en sujet de jugement » ? Qu'est-ce qui, dans l'espace en tant que nous le percevons (« expérience ») et l'apprécions

(« jugement »), permet de le caractériser comme paysage ?
On voit bien ici à quel point l'entreprise de définition
et d'ontologie du paysage ne trouve son sens que dans
la perspective d'une critique du paysage, destinée à
mettre des mots sur nos expériences et nos appréciations
esthétiques des paysages. Assunto précise : définir le
paysage comme espace ne constitue pas un « jugement
d'identité réciproque », qui assimilerait ou réduirait le
concept de paysage à celui d'espace. Un tel jugement
n'aurait guère d'utilité et d'intérêt puisqu'il impliquerait
que l'on puisse purement et simplement se passer de
l'un ou l'autre des deux concepts. C'est pourquoi il est
juste de dire que le paysage est un espace, mais pas
que l'espace est un paysage. Tout espace n'est pas un
paysage, le paysage est un certain type d'espace. Dire
que le paysage est un espace est seulement un « point de
départ », ce n'est pas un « point d'arrivée », parce que le
paysage ne se résume pas à l'espace et qu'il y a quelque
chose de plus dans l'idée de paysage que dans le seul
espace. Ou plutôt, il faut préciser certaines propriétés du
paysage pour comprendre à quel type d'espace celui-ci
appartient. Entre le paysage et l'espace il n'y a donc pas
identité ou réciprocité de sens, mais plutôt, pourrait-on
dire, appartenance ou inclusion conceptuelle.

Et c'est ici qu'intervient l'idée de métaspatialité,
à savoir ce qui fait du paysage quelque chose de
plus qu'un espace, un espace auquel il faut rajouter
quelque chose – une caractéristique, une propriété
peut-être ? – pour comprendre en quoi il est paysage.
Dans quelle direction chercher cette caractéristique des
espaces propre aux paysages ? En creusant le concept
d'espace. Dire que le paysage est un espace, on l'a
vu, c'est dire que le paysage n'est pas un objet dans

l'espace. Or l'expérience de l'espace en tant que tel pose, par rapport à l'expérience d'un objet dans l'espace, un problème de limites : si l'objet se laisse facilement appréhender en vertu des contours qui le délimitent et permettent donc de l'identifier et de l'individualiser, l'espace résiste davantage à l'appréhension. Ou plutôt, il existe en réalité plusieurs types d'espaces : les espaces aux limites bien marquées comme les espaces fermés (les limites d'une chambre sont clairement et définitivement fixées), les espaces sans limites (l'univers) et les espaces intermédiaires, dont les limites ne sont ni fixes ni clairement marquées. On comprend mieux l'emploi du terme de « métaspatialité », qui renvoie à un problème de limites, de franchissement de limites : le paysage c'est par essence ce qui va toucher aux limites de l'espace, nous permettre de faire l'expérience de la différence entre espaces bornés, limités, et espaces sans bornes, illimités. On perçoit ici en filigrane l'influence des paragraphes de la *Critique de la faculté de juger* de Kant sur le sublime, où l'expérience du sublime se produit au moment où le sens des limites bascule, au moment où l'on cesse de pouvoir contenir l'espace dans notre perception, au moment où l'espace nous échappe, au moment où l'« appréhension » (indéfinie, sans limites) de l'espace cesse de s'accompagner d'une « compréhension » (définie, limitée). Le paysage selon Assunto se situe donc au croisement entre deux types d'espaces, les espaces limités et les espaces illimités. C'est un espace intermédiaire, d'où la définition volontairement paradoxale ou oxymorique proposée par Assunto : il s'agit d'un espace à la fois fini et infini, limité et illimité, intermédiaire entre la finitude fermée d'un espace clos – une place urbaine ou un intérieur – et

l'infinité sans bornes du ciel étoilé (la référence au ciel
étoilé est bien sûr, ici encore, une façon pour Assunto
de faire allusion à ce qu'il doit à Kant pour l'élaboration
de sa propre pensée du paysage). Ni espace clos sur lui-
même à la manière d'un intérieur, d'une clairière ou de
certains jardins, ni espace infini du ciel ou de l'univers, le
paysage est un type d'espace particulier : une « finitude
ouverte », une « infinité limitée », un espace limité par
le sol sur lequel il s'enracine, mais ouvert sur un autre
espace, le ciel, qui, lui, n'a pas de limites. Le paysage
est un espace qui se caractérise par l'articulation entre
deux spatialités, celle du sol et celle du ciel. Le sol a pour
fonction de limiter le paysage : c'est le point sur lequel
vient buter le regard, c'est aussi le point d'ancrage sur
lequel notre corps percevant est posé et depuis lequel part
notre perception. Quant au ciel, il a pour fonction d'ouvrir
le paysage : c'est le point de fuite dans lequel le regard
se perd et duquel le corps peut indéfiniment chercher
à se rapprocher, dans la mesure où l'horizon, point de
jonction entre le ciel et la terre, recule à mesure qu'on
s'en approche. Ici, la dimension terrestre incluse dans
le mot même de paysage (le « pays » du « paysage », le
« *land* » du « *landscape* », le « *Land* » du « *Landschaft* »,
le « *paese* » de « *paesaggio* ») est fondamentale et il
est l'important de l'entendre, de la faire résonner : le
paysage c'est l'espace en tant qu'il suppose une vision
ancrée dans la terre, dans le pays, mais ce n'est pas
une vision aérienne ou spatiale déconnectée de la terre.
On peut envisager l'existence de paysages lunaires ou
martiens, à condition qu'il s'agisse de la vision d'espaces
vastes et d'une vision ancrée dans le sol de la Lune ou de
Mars. La question reste en revanche suspendue à propos
des espaces de fonds marins : s'agit-il de paysages, alors

même que ce ne sont pas des espaces à ciel ouvert? Ou faut-il considérer qu'il s'agit d'espaces confinés, dépourvus de cette ouverture dont on a montré qu'elle était essentielle au concept de paysage? Comme on le verra dans la suite de l'analyse, il existe pour Assunto une coïncidence, dans l'expérience paysagère, entre le point de vue esthétique et le point de vue écologique : un paysage est aussi un lieu où l'on vit. C'est en se tenant dans l'espace où l'on vit, dans un espace vivable, que l'on apprécie un paysage dans les meilleures conditions esthétiques. Pas de paysage hors des lieux où un être humain peut vivre. L'ancrage terrestre est donc aussi un point de vue naturel (pour un être humain). A cet égard, il est important de distinguer un paysage terrestre vu depuis la mer (par un baigneur ou un marin sur un bateau) et le paysage des fonds marins. Comme pour le cas de la vision à vol d'oiseau, on peut dire que la vision d'un paysage terrestre depuis la mer est analogue à sa vision depuis la terre ferme. C'est, si l'on veut, une vision à saut de brochet ou à nage de mouette. C'est pourquoi les paysages vus des proches régions du ciel ou depuis la surface de la mer peuvent être considérés comme des cas limites, relevant d'une marge de flottement, d'une marge de tolérance aquatique ou atmosphérique.

Après cette caractérisation du paysage comme un espace articulant la vision du ciel et celle du sol, Assunto propose ensuite une distinction entre deux types d'espaces limités : les espaces qui ouvrent effectivement sur l'infini, c'est-à-dire accordent à l'infini une présence, et ceux qui représentent l'infini grâce à leur forme même, finie et close. La distinction entre réel et représenté est réinterprétée ici comme une distinction entre présence et représentation. Ainsi, la coupole circulaire de Sainte

Sophie ou la flèche de Notre-Dame représentent-elles l'infini de manière symbolique, tandis que certains trompe-l'œil ou certains jeux de miroir peuvent le représenter de manière illusionniste. Le paysage, donc, à la différence de certains espaces clos, n'est pas une représentation de l'infini, mais une mise en présence de l'infini. Il met en présence le fini et l'infini en articulant les deux de manière effective, tandis que les espaces clos ne peuvent que représenter l'infini dans le fini. C'est ce qui permet à Assunto d'articuler dans une même expression deux qualités de l'espace apparemment contradictoires – le fini et l'infini, le limité et l'illimité –, faisant ainsi du paysage un espace mixte. Telle est l'ambiguïté ou la mixité de l'espace paysager, mi-limité, mi-illimité, dans la mesure où elle suppose par définition une limite, un seuil ou un degré. De même qu'une porte grande ouverte reste malgré tout dans ses gonds, un paysage est grand ouvert sur le ciel mais il reste coordonné à sa situation sur terre et à la situation possible, sur cette terre, d'un sujet percevant.

Le concept de métaspatialité permet à Assunto, dans les chapitres suivants[1], de distinguer différents types d'espaces ou environnements : celui du paysage, celui de la ville, mais aussi celui de l'industrie. Il est des cas où l'espace du paysage et celui de la ville se recoupent, communiquent, mais il s'agit de deux espaces qualitativement distincts : le paysage est un espace extérieur, tandis que la ville est un espace intérieur. De même que le paysage ouvrait sur l'infini du ciel, certaines villes peuvent, elles aussi, ouvrir sur des paysages qui

1. Voir à ce sujet les chapitres 2, 3 et 4, *Il paesaggio e l'estetica*, *op. cit.*

leur sont extérieurs. Assunto évoque notamment Turin et Agrigente comme on va le voir dans un instant – on pourrait aussi penser, pour rester dans un contexte italien, à l'ouverture de Naples sur la baie, avec la mer, les îles et le Vésuve ; ou à l'ouverture de Sienne sur la campagne environnante. Il est des cas où l'on peut dire qu'un paysage « est dans une rue » ou « dans une place » ou qu'une rue ou une place « sont dans un paysage », dans un sens « constitutif » et non « inclusif », c'est-à-dire que des éléments paysagers et des éléments urbains font essentiellement partie l'un de l'autre, plutôt que d'être juste localisés l'un dans l'autre [1]. C'est le cas de certaines rues qui ne sont construites que d'un côté, ou bien dont le tracé ou la pente met en rapport direct avec un paysage naturel extérieur à la ville. À propos de ces paysages urbains qui mêlent deux métaspatialités – l'une urbaine, l'autre paysagère –, Assunto cite comme exemples paradigmatiques la ville de Turin, telle que la décrit Nietzsche dans une lettre d'avril 1888 à Carl Fuchs :

> Connaissez-vous Turin ? Voilà une ville selon mon cœur. Et même la seule. Calme, presque majestueuse. Terre classique pour le pied et pour l'œil (grâce à un pavement superbe et à une tonalité brun-jaune qui unifie tout). Un bon air de dix-huitième siècle. Les palais, comme ils parlent à nos sens ! C'est autre chose que les châteaux de la Renaissance. Et les Alpes enneigées que l'on voit depuis le milieu de la ville ! Et les rues qui semblent nous y conduire tout droit ! L'air est sec, limpide, sublime. Je n'aurais jamais cru que la lumière puisse rendre une ville si belle [2].

1. R. Assunto, *Il paesaggio e l'estetica*, *op. cit.*, chapitre 2 (ma traduction).
2. Nietzsche, Lettre à Carl Fuchs, avril 1888, cité par R. Assunto en allemand et en italien dans *Il paesaggio e l'estetica*, chapitre 2 (ma traduction).

A cet exemple nietzschéen, Assunto ajoute celui des rues d'Agrigente à l'époque où il n'y avait pas encore les gratte-ciel et où elles donnaient donc sur la mer et les restes archéologiques. Ville et paysage sont pour lui deux espaces qualitativement distincts, relevant de métaspatialités distinctes, mais compatibles l'une avec l'autre, ou du moins capables de communiquer. La ville peut ouvrir sur le paysage qui l'environne et un paysage peut être constitué par des éléments urbains. Du seul point de vue de l'espace, la distinction que propose Assunto entre ville et paysage manque peut-être de netteté : si le paysage est un espace limité mais ouvert, qu'est donc la ville ? On aurait envie de dire qu'il s'agit d'un espace « moins ouvert » que le paysage. Pourtant, une ville peut avoir des ouvertures sur le dehors – sur le paysage justement. S'agit-il de dire, comme une porte peut être grande ouverte ou seulement entrouverte, que le paysage est grand ouvert tandis que la ville n'est qu'entrouverte ? Le rapport et la proportion entre le fini et l'infini dans la ville et dans le paysage semblent inverses : dans le paysage, on aurait une grande ouverture, c'est-à-dire beaucoup d'infini pour peu de fini, tandis que dans la ville on aurait une petite ouverture, c'est-à-dire beaucoup de fini pour peu d'infini. Mais l'auteur ne rentre pas dans ces détails-là.

Son argument majeur pour distinguer ville et paysage est relatif à la temporalité : en effet, l'inscription d'un espace dans une temporalité spécifique est, elle aussi, source de métaspatialité. Espace urbain et espace paysager sont des espaces dans lesquels du temps est cristallisé, des espaces auxquels le temps donne forme. Dans le cas de la ville, il s'agit d'un temps humain, historique – linéaire, durable et borné – tandis que dans le cas du paysage il s'agit d'un temps naturel, extra-historique – fugitif et cyclique. Quant à l'espace industriel, il se construit dans une temporalité encore différente, celle de la production industrielle et de la consommation : un temps sans mémoire, sans continuité, où les choses se succèdent en se substituant les unes aux autres, au lieu d'être en lien les unes avec les autres. Que ces trois espaces relèvent de temporalités et donc de métaspatialités distinctes ne veut pas dire qu'ils ne puissent pas être compatibles entre eux. Si, pour Assunto, le paysage est inconciliable avec l'industrie, il est en revanche compatible avec la ville. C'est pourquoi on peut selon lui parler parfois de paysages urbains (mais pas de paysages industriels).

Une autre caractéristique de la métaspatialité paysagère est avancée : nous sommes inscrits ou situés dans le paysage et par conséquent nous agissons et vivons dedans, en même temps que nous le contemplons. C'est ce qui fait la différence avec une œuvre d'art, qui se tient en face de nous et que nous contemplons comme spectateurs. Un paysage, nous le contemplons au contraire comme acteurs parce que nous vivons à l'intérieur : « le paysage est une réalité esthétique que nous contemplons tout en vivant dedans »[1]. Comme le remarque Hervé Brunon, « Assunto n'accorde d'ailleurs pas moins d'importance à l'immersion corporelle dans le paysage qu'à l'expérience émotionnelle qu'il déclenche ; sa contemplation est corrélative de la promenade, du voyage, de la traversée ou de la halte dans un lieu. Nous contemplons le paysage en même temps que nous le

---

1. R. Assunto, *Il paesaggio e l'estetica*, chapitre 4 (ma traduction).

vivons, et qu'il nous donne le sentiment de vivre »[1].
Le paysage n'est pas simple spectacle, mais espace
d'immersion physique, propice à la fois au déplacement
corporel et à l'action pratique. Si le paysage nous
donne le sentiment de vivre, ce n'est pas seulement au
sens kantien d'une contemplation désintéressée, c'est
aussi, dans une forme d'esthétique impure, au sens où
d'une part le bien-être du déplacement corporel nous
donne un sentiment de vitalité physique, d'autre part les
actions de transformations que nous mettons en œuvre
dans le paysage sont directement liées aux impératifs
de la vie (habiter, se nourrir, de déplacer). Nous vivons
dans le paysage et nous vivons *du* paysage. S'il venait
à disparaître, nous mourrions. La position esthétique et
la position écologique se rejoignent ici, dans la mesure
où la réalité à contempler est aussi une réalité vitale, à
préserver. Il est important de souligner ici la complexité
de l'approche assuntienne des paysages. On a dit en
introduction que la métaphysique du paysage constituait
le sous-bassement indispensable à une critique des
paysages. Cette critique est aussi à entendre comme une
« critique en action »[2], telle qu'elle s'incarne notamment
dans les projets architecturaux qui viennent à se réaliser
au sein des paysages, et plus généralement avec toutes
les formes de modification possibles des paysages. La
critique des paysages contient également les conditions
de possibilité d'une attitude éthique, orientée vers une
sauvegarde des paysages, à laquelle Assunto était très
attaché.

1. H. Brunon, « Rosario Assunto (1915-1994), philosophe militant
du paysage », *Les Carnets du paysage* 8, 2002, p. 55.
2. *Ibid.*, p. 56.

Pour résumer, la métaspatialité paysagère semble consister en trois caractéristiques principales : d'un point de vue purement spatial, le paysage est un espace à la fois limité et ouvert ; cet espace s'inscrit dans une temporalité naturelle et non historique ; et sa perception esthétique coïncide avec sa perception « écologique » (le mot est entendu en un sens très large), dans la mesure où nous sommes autant acteurs que spectateurs d'un paysage dans lequel nous vivons.

L'idée qu'Assunto développe sous le nom de « métaspatialité » est essentielle et incontournable pour toute esthétique des paysages réels : le paysage est d'abord et avant tout un espace, un environnement, mais il n'est pas juste cela, il est quelque chose de plus. Le paysage ne se réduit donc pas à l'environnement, même si ce dernier constitue son substrat essentiel. Un environnement doit posséder certaines qualités pour pouvoir être un paysage. Ces qualités sont esthétiques, dans la mesure où elles s'adressent à notre sensibilité, mais elles sont propres aux paysages et permettent de le distinguer d'autres types d'espaces ou d'environnements. Assunto passe de considérations spatiales à des considérations temporelles, la façon dont un espace s'inscrit dans la temporalité étant aussi un critère pour déterminer la métaspatialité (urbaine ou paysagère par exemple) d'un espace.

TABLE DES MATIÈRES

Achevé d'imprimer en juillet 2021
sur les presses de
La Manufacture - Imprimeur – 52200 Langres
Tél. : (33) 325 845 892

N° imprimeur 210688 - Dépôt légal : août 2021
Imprimé en France